Heinrich Vogeler

Heinrich Wiegand Petzet

Heinrich Vogeler

Zeichnungen

DUMONT

Inhalt

Hertha Koenig
gewidmet
in dankbarem Angedenken

Der Zeichner Heinrich Vogeler

»Alles, was zum Leben gehört, soll Schönheit empfangen. So wird die Schönheit wieder zum Inbegriff der höchsten Macht.«
Peter Behrens

Im August 1918 stand in der von dem Schriftsteller Franz Pfemfert geleiteten Zeitschrift *Die Aktion* eine – mit dem Namen Löhnberg unterzeichnete – kleine »Notiz zu Heinrich Vogeler«. Darin hieß es:

»Man lobt und tadelt ihn, aber man kennt ihn nicht. Man kennt nur das Stück von ihm, das sein radiertes Werk zeigt –, allenfalls noch die frühen Leinwände, Verkündigung und Melusinenmärchen . . .

Sein Beseeltestes und Tiefstes drückt seine Feder aus. Diese Blätter umspannt eine Geistigkeit, die aus der Gräserwirrnis einer Uferböschung bis in die veilchenblauen Himmelsfluren reicht, wo die großen duftenden Sterne hervorblühen . . . Da schwingen seine Linien zu singenden Kurven, und doch strafft eine Rhythmik von unerbittlicher Strenge seine Gesichte in das Maß baumeisterlicher Werkgerechtigkeit . . .

Seine Zeichenfeder sprüht Schwärme köstlicher Blütenpollen in den Sommerwind, notwendig und zwecklos wie alles Leben und alle Kunst.«

Inmitten der oft mutigen Bekenntnisse, mit denen jene Zeitschrift am Ende des Wilhelminischen Deutschland im Kampf um den freien Geist stand, nimmt sich eine solche Notiz seltsam verloren aus. Aber, recht besehen, ist auch sie ein Bekenntnis, Bekenntnis eines Arztes, Helfers und Sozialisten zu seinem Künstlerfreund, der damals an einem Tiefpunkt seines Lebens angelangt war, nur mit knapper Not als verdächtiger ›Defaitist‹ einem Erschießungsbefehl des Generals Ludendorff entronnen . . .[1] Vogeler gehörte nicht zur Avantgarde der expressionistischen Maler, sondern zu denen, die um die Jahrhundertwende, in der Zeit des europäischen Jugendstils, für eine neue, das ganze Leben tätig durchdringende künstlerische Gesinnung eingetreten waren. Der Sturm des Weltkriegs war darüber hinweggefegt. Auch über das, was Vogeler geschaffen hatte.

»Man lobt und tadelt ihn . . .« Weit über die Grenzen seines Vaterlandes hinaus sind Heinrich Vogeler in frühen Tagen Anerkennung und Wertschätzung zuteil geworden. Nicht nur in seiner engeren Heimat kannte man den Bremer Kaufmannssohn, der nach einem ziemlich freudlosen Akademiestudium und mehreren, auf eigene Faust unternommenen Bildungsreisen durch Europa sich als 22jähriger in der Malerkolonie Worpswede niedergelassen hatte. Eine Titelseite für die *Jugend,* Illustrationen für Gerhart Hauptmanns Spiel um die »Versunkene Glocke« machten Aufsehen. Er wurde rasch bekannt. Denn das Entzücken über die Märchen-Melancholie seiner Radierungen, die Freude am Arabeskenwerk seiner Buchkunst, schließlich das Vergnügen am Schmuck der Almanache, Kalender und Exlibris von seiner Hand war groß. Eine Kunst voller Reize, der sich niemand entziehen konnte – ohne Dramatik, aber reich an Gefühl. »Vogeler-Zierat« (vgl. die Zierleisten des vorliegenden Bandes) verschönte damals deutsche Verlobungsanzeigen und Briefköpfe; reiche Kaufleute und selbst der Hochadel, die deutsche Kronprinzessin Cecilie eingeschlossen, ließen sich Exlibris und Besuchskarten von Vogeler zeichnen. Im weltfernen Worpswede . . .

Sein Ruhm reichte buchstäblich von Spanien bis Rußland. Während in Barcelona eine moderne Kunstzeitschrift 1900 eine

Sondernummer über ihn herausbrachte, schrieb 1905 in St. Petersburg einer der angesehensten Kritiker, als Zeichner gebe es seinesgleichen nicht in Europa – und ähnlich äußerte sich der junge russische Dichter Bruissow zu Rilke während dessen erster Rußland-Reise. Nicht minder großes Lob wurde dem Künstler in München, Wien und London zuteil. Gerade mit England verbanden ihn die stärksten künstlerischen Bande. Die von Kennern und Liebhabern besonders geschätzte Zeitschrift *The Studio*, berühmt geworden durch ihre Publikationen der Zeichnungen Beardsleys, brachte im Todesjahr des letzteren (1898) einen längeren Aufsatz über Vogeler, in dem als ein besonderer Grund für die Wirkung des Künstlers die Musikalität betont wurde, die seinem Schaffen innewohne. Die zärtliche Stimmung mancher seiner radierten Blätter wurde verglichen mit alten Volksweisen oder Liedern von Schumann und Brahms. Der Innigkeit solcher Kompositionen und vollends dem Ton der mittelalterlichen Minnesänger fühlte sich Vogeler verwandt; die Strophen des Walther von der Vogelweide trug er mit sich in der Tasche herum – und »Feldeinsamkeit« war eines seiner liebsten Lieder. Kein Wunder eigentlich, daß ein einfühlsamer englischer Rezensent von ihm einmal als einem »medievalized Beardsley« sprach.

Für ein Jahrzehnt und länger stand Europa am Ausgang des 19. Jahrhunderts unter dem Eindruck der Kunst von Aubrey Beardsley, des kometengleich aufgetauchten und schon mit 27 Jahren verlöschenden Zeichners. Faszination und Schock seines Werkes waren gleich groß: verletzend, empörend und doch von fast magischer Anziehungskraft. Eine ganze Generation von Zeichnern und Illustratoren, bis zu den Bühnenbildnern, geriet in ihren Sog – gerade die begabtesten und phantasievollsten, ohne daß auch nur einer es dem Engländer hätte gleichtun können. Weder Bradley in Chicago, unter dessen kräftigem Einfluß Buch und Plakat in Amerika neue Gestalt annahmen, noch Léon Bakst in St. Petersburg, der für die »Balletts Russes« von Serge Diaghilew unvergeßliche Bilder und Ausstattungen schuf. Nicht weniger standen die deutschen Buchkünstler, Illustratoren und Karikaturisten in Beardsleys Bann. Hier wären viele Namen zu nennen: Marcus Behmer vor allem und Th. Th. Heine, daneben Otto Eckmann, E. R. Weiß, F. Ehmke und der legendäre Außenseiter Alastair. Und nicht zuletzt: Heinrich Vogeler.

Die Anlehnung an die Kunst des großen Engländers und die damalige englische Kunst überhaupt ist dem jungen Vogeler gelegentlich zum Vorwurf gemacht worden. Während Rilke in seinen Aufsätzen zur Kunst des Freundes[2] davon sprach, daß dessen Zeichenstil sich von einer anfänglichen »schütteren Dürftigkeit« über immer verschlungenere Wege bis dahin entwickelte, wo die Offenbarung Beardsleys ihn zur Klärung und Reife gebracht habe, nahm einer der Worpsweder Malerfreunde, Otto Modersohn, entschieden Anstoß. In seinen unveröffentlichten Tagebüchern aus der Mitte der 90er Jahre finden sich manche zum Teil heftige Tadelsworte. Das persönliche Verhältnis der beiden Künstler ist wohl nie ohne Spannung geblieben – sie waren allzu verschieden in ihrem Wesen und Denken.

Aber die Abneigung des älteren Modersohn erwuchs nicht nur aus solchen Antipathien. Zwar empfand er das stilisierte Auftreten, Gehabe und Gebaren Vogelers (der so seine hohe Empfindlichkeit gegen außen abzuschirmen und zu schützen suchte) als kränkende Koketterie; wichtiger jedoch ist im hier gegebenen Zusammenhang, daß er diese Stilisierung auch seiner Kunst zum Vorwurf machte. Eine Betonung des Formalen und bestimmter formaler Eigenschaften, die sich nach Modersohns Meinung aus der blinden Verehrung der Engländer – der Morris und Burne-Jones und ihrer Vorbilder, der von Vogeler nicht weniger geliebten frühen Florentiner – herleiten ließ. Verriet das alles nicht eine sehr äußerliche Auffassung von Kunst? Waren das nicht Irrwege, die zum bloßen Abklatsch führen mußten? »Leerer Copist«, notierte Modersohn. Denn für einen Maler, dessen künstlerischer Wunschkatalog Natur, Wärme, Ernst, Tiefe, Seele, Wahrheit forderte, mußte es nicht zuletzt äußerst befremdend sein, wenn der Worpsweder Neuling sich an einer Zeichenkunst zu orientieren begann, die »nichts weiß von Schwerkraft und Raum, Natur und Anatomie, Plastizität und schattenschlagendem Licht« – wie ein Kunsthistoriker unserer Zeit die Zeichenkunst Beardsley charakterisiert hat[3].

Georges Braque erzählt in seinen Aufzeichnungen die Geschichte von Columbus, der für seine erste Ausfahrt den Glauben und das Gebet gebraucht habe, indessen auf der zweiten schon der Kompaß an die Stelle des Gebets getreten sei. Was Beardsley – um diese Geschichte auf ihn anzuwenden – von seiner kühnen »Ausfahrt« mitbrachte: diesen Kompaß haben viele seiner Adepten und Nachahmer benutzt, auch wenn sie nicht immer das gelobte Land erreichten. Vogelers Zeichnungen sind an keiner Stelle gleichen Ranges wie die seines Vorbildes – aber die Mittel, die er anwendet, stammen von diesem, und die Insel, die er damit (um im Bilde zu bleiben) ansteuerte und erreichte, hat ihre eigene Schönheit, auch wenn sie kein neuer Kontinent ist.

Vogeler führte die Mittel des Engländers (Textabb. 1) in seine Kunst ein: die betonte Umrißlinie; die wie aus Metall gestanzten drahtigen Bahnen (die schon Blake vom Zeichner forderte); die technische Schärfe der Geraden, die Beardsley mit dem Lineal zog; das Spiel der punktierten Linien, mit denen schwere, mit dichtem Schwarz gefüllte Flecken kontrastieren. Andererseits spielen für ihn die bereits erwähnten »Mängel«, wie das Fehlen jeder Anatomie und Plastizität, als Kriterien ebensowenig eine Rolle wie für Beardsley.

Wichtiger jedoch, ja entscheidend dürfte sein, daß sich die so viel schmalere, begrenzte Künstlerkraft des Deutschen in einer anderen Geistigkeit ausdrückt. Vogeler war im tiefsten Herzen

I Aubrey Beardsley, Illustration zu Oscar Wildes *Salome*

ein Romantiker. Was daher beim Schöpfer der »Salome« und der »Lysistrata« laszives Spiel, böse Satire, unbarmherziges Enthüllen war, das ist beim Autor der »Träume« (Abb. 100) und der »Melusine« zärtliche Ironie, eine sich selbst nicht ganz ernst nehmende Koketterie. Was dort frivol, erscheint hier liebenswürdig; der Provokation steht Spott gegenüber, der eleganten Morbidität entspricht eine kaum verborgene Schwäche – und wo das Böse, wenn man es einmal so nennen will, bei Beardsley mit geradezu königlicher Verruchtheit auftritt, da verrät Vogelers bürgerlicher Anstand trotz aller ironischen Züge eine geheime Sehnsucht nach Güte.

Wo der Künstler verführt wird, aus seinen Grenzen auszubrechen, werden diese um so spürbarer. Wo er aber in seinem eigenen, tieferlebten Kreise bleibt, da fällt der Blick auf das Kleine und Geringe in einem fast Stifterschen Sinn. Mehr als einmal wird der heutige Beobachter dabei ein Abgleiten ins Sentimentale beobachten, in eine uns fremd gewordene Gefühligkeit. Der Künstler entsprach damit einer Grundstimmung seiner Zeit, wie sie sich noch in ihren besten literarischen Schöpfungen spiegelt – in den großen Romanen etwa, dem »Hungerpastor« Raabes, Storms »Immensee« oder Herman Bangs »Am Wege«. Eine Sentimentalität, die weitab liegt von der Härte heutiger Hervorbringungen – und die uns dennoch immer noch zu ergreifen und zu bezaubern vermag, weil oft hinter ihr ein großes, echtes Gefühl verborgen liegt.

Oscar Wilde, der die Möglichkeit des »gerechten« Kritikers ohne Vorurteil mit Entschiedenheit bestritt, hat zu dem heiklen Thema in seinen Dialogen über die Kritik als Kunst allerlei Provozierendes gesagt. Vielleicht sollte in unserem Zusammenhang besser an ein Wort Jacobsens erinnert werden, das Rilke seiner Worpswede-Monographie als Motto vorangestellt hat. Es steht dort vermutlich nicht nur im Hinblick auf Modersohn, sondern vor allem auf den Freund Vogeler: »Du sollst nicht gerecht sein gegen ihn, denn wohin kämen die Besten von uns mit der Gerechtigkeit; nein, aber denke an ihn, wie er die Stunde war, da du ihn am tiefsten liebtest . . .« Vogeler dürfte das Urteil der Liebe am wenigsten zu fürchten haben.

Die Mittel der Zeichnung sind von Vogeler langsam, in ebenso zäher wie unermüdlicher Arbeit erworben worden. Vom Studium auf der Akademie, das der zeichenbegabte Knabe sich vom Vater erkämpfte, berichtet er in seinen »Erinnerungen«, daß nicht die malerische Erscheinung, sondern das Organische, der Bau des Körpers ihn interessiert hätte. Wußte er, wo es bei ihm – im Sinne einer akademischen »Richtigkeit« – fehlte? Noch der ausgebildete Künstler hat in dieser Hinsicht Schwierigkeiten gehabt. Was aus frühen Jahren noch erhalten ist, verrät Vorsicht, Unentschiedenheit. Vogeler scheint sich der eigenen Unsicherheit bewußt gewesen zu sein – er suchte sie durch Übung zu überwinden. In der ersten Worpsweder Zeit widmete er sich allerlei Studien im Freien. Aber wenn er Bauern und Bäuerinnen bei der Arbeit zeichnete (Abb. 11–17; vgl. Textabb. II), so war es im Grunde keineswegs das Körperliche, Plastische, was ihn reizte – es war vielmehr die Bewegung. Er hat sein ganzes Leben lang gezeichnet und dem mitgeführten Skizzenblock seine »Menschennotizen« (wie er es nannte) anvertraut (Abb. 20), Beobachtungen, die noch in seinen spätesten Jahren zum Besten, Geglücktesten seiner Kunst gehören.

Die Anfänge der künstlerischen Sprache des Freundes hat Rilke als »feinstimmig und flüsternd« bezeichnet, unermüdlich forschend, um bis in die Nuancen hinein sagen zu können, was der Zeichner erlebte. Sicherlich ist es richtig, daß gerade in den frühen, noch zögernden Blättern »das Lückenhafte und teilweise Ungeschickte . . . dazu beiträgt, den Reiz des Inhalts zu erhöhen«. Als habe er allen Einwänden zuvorkommen wollen, hielt der 28jährige Künstler – damals bereits ein berühmter und mit Aufträgen umworbener Mann – über sich selbst und sein Talent strenges

II Ernst Barlach, Bauer in halber Rückansicht. 1909 (vgl. Abb. 14)

Gericht. Der Brief[4], in dem dies geschieht – an den befreundeten Schriftsteller Hans Bethge gerichtet –, ist zugleich der Ausdruck einer inneren Krise aus Zweifel und Ungenügen an sich selbst, wie es deren im Leben Vogelers mehrere gegeben hat. Er muß gespürt haben, wie schwankend der eigene Grund war und wie oft bei ihm (was die Qualität des Geschaffenen anging) neben Bestem Banales entstand.

Bethge gegenüber bezeichnete er die erst kurz zuvor erschienenen Zeichnungen zum Buche »Ehefrühling« von Hugo Salus als ebenso verwerflich wie die Gedichte: »Alles Anekdote beiderseits.« Auf den Buchschmuck im allgemeinen eingehend, schreibt Vogeler, dieser dürfe nicht naturalistisch »durchgezeichnet«, sondern müsse in einem entgegengesetzten Sinne »intim« sein. Was verstand er darunter? Zum Buchschmuck gehöre nicht nur ein fabelhaftes Können, das ihm bislang absolut noch fehle; »man muß die Natur vergewaltigen können und den Extrakt seiner Empfindungen geben; mit naturalistischen Einzelheiten ist da nur ein Nichtkönnen oberflächlich zu beschönigen.« Vogeler bekennt, er sei momentan recht klein geworden; er müsse seine Produktivität »mit kalter Energie niederhalten und wieder arbeiten, studieren«, das sei das einzige, was ihn aus der Menge retten könne. Und noch ein halbes Jahr später heißt es, wiederum in einem Briefe an Bethge, ihm fehle noch viel, sehr viel – »und es ist höchste Zeit, daß ich mir ein solideres Können anschaffe!«.

Die Mitarbeit an der im geistig-künstlerischen Deutschland großes Aufsehen erregenden Zeitschrift *Die Insel* in München wirkte auf Vogeler wie eine Befreiung. Hier kam er mit den bekanntesten jungen Dichtern und Künstlern seiner Generation zusammen. Jetzt erst fand er seinen eigenen Stil – und damit auch seine Sicherheit. Im Grunde geht dies auf das eine große Titelblatt zurück, das er für Hofmannsthals im zweiten Vierteljahresband abgedrucktes Spiel »Der Kaiser und die Hexe« schuf (Abb. 77) – eine aus der Tradition von Morris und den mittelalterlichen Handschriften hervorgegangene Erfindung, die man – mit Kubin – das »Abenteuer einer Zeichenfeder« nennen könnte. In einem Brief an Flodoard von Biedermann (1901) deutet der Künstler an, wie reich und weit ausgebreitet die Aufgabe des

»Schmückens« war, die ihm anvertraut wurde. Er habe in den vier Titelblättern lineare Phantasien zum Schmuck einer Ganzseite gegeben, dann die Anordnung des Textes mit den Initialen, Schlußstücken, Rahmen etc. In der Prachtausgabe von »Der Kaiser und die Hexe« (die noch im selben Jahre erschien) seien diese Ideen weitergeführt; »ich denke, daß dies alles vielleicht meine ausgereifteste Arbeit ist ...«[5] Es sind – alles in allem – jene Zeichnungen zu Hofmannsthals Dichtung, die nach Meinung Rilkes die Bestätigung dafür sind, daß Vogelers »ruhig und geschlossen wirkende Linienkunst wie keine geeignet ist, neben dem Gange edler Lettern wie ein Gesang einherzugehen«. Dies Urteil hat – bei allen Veränderungen, die die Buchkunst seitdem durchgemacht hat – immer wieder Zustimmung gefunden. Noch in unseren Tagen hat ein großer Bibliophile geäußert, die Erstausgabe von Hofmannsthals »Der Kaiser und die Hexe« im Insel-Verlag sei dank dem genialen Stift und Pinsel Vogelers zu einer der schönsten Buchpublikationen überhaupt geworden.

Obwohl der 1894 auf Empfehlung seines Bremer Landsmannes Overbeck nach Worpswede eingewanderte Neuankömmling im Kreise der älteren Malergenossen zunächst ein Fremdling war, ja in mancher Beziehung sogar ein Störenfried in der von Mackensen autoritär beherrschten und bevormundeten Gruppe, hat sich Vogeler später gern »Vogeler – Worpswede« genannt und häufig auch so signiert. Das kleine Wappen, das er zwischen seine Initialen zu setzen pflegte, zeigt in emblemhafter Verkleinerung die baumbestandene Kuppe des Weyerberges. Das war nicht nur ein äußerliches »Markenzeichen«, unter dem der jüngste der fünf Künstler teilhatte an kurzem Ruhm. Er selbst hat diesen Ruhm noch nach Kräften gemehrt – und mit ihm allem, was in späteren Jahren geschah, eine durchaus nicht immer erwünschte neue Publizität gegeben.

Das Namensschild jedoch war Ausdruck einer tiefen, ja innigen Verbindung mit einem Ort, dem sich Vogeler fast heimatlicher noch verbunden fühlte als die anderen. Es war vor allem das Zeichen der engen Bande, die ihn – über alle Trennungen seines Schicksals und Scheiterns hinaus – mit seiner eigensten Schöpfung, dem Barkenhoff verknüpft hielten. Aber ein »Worpsweder« in dem Sinne, wie diese Bezeichnung den anderen Mitgliedern der Kolonie, diesen malenden Naturlyrikern zukommt, ist Vogeler nicht geworden. Modersohn hatte so unrecht nicht, wenn er in sein Tagebuch notierte: »Kein Worpsweder«. Der derart Abgelehnte hat sich freilich selbst schon früh von der Gruppe distanziert, aus der er später – zusammen mit Modersohn – sogar ausgetreten ist. Im Sommer 1900 schrieb er an Alfred Walter von Heymel: »Die Kerls hier werden mehr oder minder alle schrullige Sonderlinge . . .«

In der benachbarten Heimat Bremen erfuhr Vogeler harte Kritik. Derselbe Maler-Poet Arthur Fitger, der die erste Ausstellung der seit 1898 in Worpswede ansässigen Paula Becker in Grund und Boden verdammte, verhielt sich gegenüber den 1900 in der Bremer Kunsthalle gezeigten Arbeiten Vogelers nicht viel anders. Der Saal, in dem diese hingen, erschien dem im Geiste Makarts und Kaulbachs geschulten Fitger »abnorm«. In seiner Rezension[6] in der angesehenen *Weser-Zeitung* heißt es dann: »Wir haben im ersten Augenblick geglaubt, es mit einer satirischen Karikatur der Moderne zu tun zu haben, etwa nach Analogie jener Satire Hauffs auf Clauren [gemeint war Hauffs »Mann im Mond«, der 1826 Claurens süßlich-sentimentale »Mimili« verhöhnte]. Allein von anscheinend kundiger Seite wird uns versichert, daß jeder Gedanke an Satire ausgeschlossen sei . . .« Fitger bekannte, hier versage seine Aufnahmefähigkeit völlig, und er habe sich vergeblich bemüht, der Sache eine ernsthafte Seite abzugewinnen. Welches Bekenntnis ihm öffentliche Schelte eintrug: Ein Kritiker, der nicht sehen wolle, sei gefährlicher als ein Nörgler!

Es ist heute kaum mehr von Interesse, auf welche Arbeiten, Bilder und Zeichnungen, sich diese Kritik im einzelnen bezog. Sie wird hier einzig deswegen erwähnt, weil Fitger, bewußt oder unbewußt, an eine Wahrheit gerührt hat. Karikatur? War damit jener Zug zur ironischen Distanz gemeint, der ein Element des romantischen Künstlers ist – ein Zug, der gern die pathetische Übertreibung decouvriert und der gerade im Falle Vogeler die Kehrseite bildet zu seiner Sentimentalität? Wie aus seinen »Erinnerungen« hervorgeht, waren Lehrer-Karikaturen der Hauptgrund für das empörte Kollegium, den Schulwechsel des zeichnenden Sünders von der Handels- auf die Realschule zu erzwingen (vgl. Abb. 1). Wie treffend mögen sie gewesen sein! Denn alles, was auf diesem ersten Spielfeld des werdenden Künstlers später noch gewachsen ist, hat Vogelers Begabung als Karikaturist vollauf bestätigt. Menschliche Unvollkommenheit, Eigenheiten, Übertreibungen der Natur haben seinen Stift gereizt – wenngleich hinter der Komik oft bitterer Ernst steckt. Selbst manches Porträt entbehrt nicht satirischer Züge.

Harmlos-amüsant, von einer Art wirbelnder Sommerfrischenfröhlichkeit sind die zahlreichen Postkarten aus Worpswede (Abb. 2), dazu einzelne Skizzenblätter, die in witziger Form die »schrulligen Kerls« verspotten (Abb. 4). Aus Launen vergnügter Selbstpersiflage, manchesmal mit melancholischen Anwandlungen gemischt, nahm Vogeler sich selbst beim Schopf: als pfeiferauchenden Lord (das Englische hing ihm an), als lässigen Weltenbummler (Abb. 8 und Frontispiz). Oft steckt in jenen Karikaturen ein Stück jenes angelsächsischen Humors, der das, worüber er lacht, nie ganz ohne heimliche Zuneigung betrachtet. Das Haßerfüllte, Zynische, Böse, wie es sich in den Karikaturen – namentlich den politischen – von Otto Dix, Georg Scholz oder George Grosz findet, gibt es bei Vogeler nicht. Wenn er es später, in den Zeiten seiner politischen Bekehrung, gelegentlich versuchte, so ist es ihm durchaus mißglückt (Abb. 121, 122). Es lag nicht in seiner Natur.

Noch in einer anderen Beziehung ist die Rolle der Karikatur in dieser Zeichenkunst wichtig. In seiner künstlerischen Veranlagung kam Vogeler einem Grundzug der Karikatur entgegen: Er dachte stets von der Fläche her, nie aber vom Körperlichen, Plastischen (Abb. 3, 6, 7, 10). Ohne sich in das Gesehene zu versetzen, war er ein um so besserer Beobachter von außen. Jedoch:

»Das Plastische entsteht nicht durch Schauen, sondern durch Identifikation.«[7] Diese Bemerkung in Hofmannsthals »Buch der Freunde« gibt zu vielem in Vogelers Kunst den Schlüssel – ebenso die dort verzeichnete Frage: was Karikatur denn anderes sei als der Triumph des Formlosen über die Form? Den Widerstreit zwischen strenger zeichnerischer Form, wie sie die Nachfolge Beardsleys, der Präraffaeliten, der frühen Florentiner ihm abverlangte, und der kaum verheimlichten Neigung zur ausufernden, »formlosen« Karikatur hat Vogeler nie ganz nach der einen oder anderen Richtung hin ausgekämpft. Es scheint, daß Fitger, ein hochgebildeter, aber den Anschauungen einer anderen Zeit verhafteter Mann, beim Betrachten der Ausstellung in Bremen etwas davon gespürt hat. Denn die Karikatur gehört zu den charakteristischen Zügen der Kunst des ausgehenden Jahrhunderts. Fast alle Künstler haben sich damals in ihren Zeichnungen als Karikaturisten geübt; namentlich die Selbstkarikatur stand in hoher Blüte[8].

Für den heutigen Beobachter hat es fast etwas Rührendes zu sehen, unter wie vielen immer wieder enttäuschten Mühen, vergeblichen Anläufen und alle Kräfte verbrauchenden Anstrengungen Vogeler versuchte, ein wirklicher Maler zu werden. Seine Biographie ist voll davon. Aber schon Rilke, diesem genauesten Beobachter, ist aufgefallen, daß auf den frühen Leinwänden des Freundes »die Farbflächen summarisch und gleichsam im Sinne des einfachen Kolorierens gesehen sind«. Die wenigen Aquarelle – etwa die Kinderbuchgeschichte vom König und der jungen Prinzessin (Farbtafel 2, 3), oder die Erinnerungen an die Ceylon-Reise (Farbtafel 4, 6) – beweisen das, ohne daß man die großen gemalten Bildromanzen heranzuziehen brauchte. Später werden die Gemälde, wie Rilke anmerkt, zu ernsthaften Versuchen, »bewegte und lebendige Farben zu malen . . . die nicht mehr wie ein Überzug über den Dingen liegen«. Besser ließe sich kaum ausdrücken, wie Vogeler beim Malen verfuhr. Es war im Grunde kein Maler von Geblüt. Sein Reich blieb die Zeichnung.

Worpswede. Der Barkenhoff. Und: Martha ... Es waren die Namen, um die Heinrich Vogelers Denken kreiste, und man ist fast versucht zu sagen, sie seien für ihn unlösbar verknüpft gewesen, Synonyma gleichsam. Das Haus, das er sich am Rande der Sanddüne, des kiefernbestandenen Weyerbergs, mit dem Blick auf die birkengesäumte, von braunen Moorgewässern durchzogene Wiesenebene (Abb. 19) schuf, einen alten Bauernhof ausbauend und nach seinem Geschmack zu einem Landsitz mit Blumenparterre, Buchsbaumhecken und Biedermeiervasen umformend (Abb. 21) – dies Haus, das er als seine selbstgeschaffene Heimat über alles liebte und mit viel Glanz erfüllte: es verlangte nach einer jungen Herrin. »Über mein Haus würden Sie sich wundern«, schrieb er im Sommer 1900 an Freund Bethge. »Wenn Sie nach Worpswede kommen, dann sehen Sie an der Stelle der alten strohgedeckten Hütte ein scheinbar noch älteres behagliches Urgroßmutterhaus; auf den Mauern stehen dicke Empire-Urnen und eine breite Treppe – zur Seite stehen runde Lorbeern – führt in den blumigen Garten hinunter; augenblicklich ist alles überwuchert von Rosen, als wenn sie von den Mauern in den Rasen tropften, dann blüht der Hollunder wie riesige runde Blumenhaufen ... eine Orgie in Grün überschüttet mit Blumen und die jubelnden Vögel in der Luft ... Mein Haus hat jetzt so viel Reiz, daß ich fast mein Leben lang mein Haus malen sollte, aber ich male noch jemand anderes ...«

Dieser andere Mensch war Martha Schröder, eine Lehrerstochter vom Lande, die Vogeler mit aller Hingabe und Zartheit liebte, deren er fähig war. Er nahm das blonde, schöne Mädchen aus der zehnköpfigen, von der verwitweten Mutter streng regierten Geschwisterschar fort und ließ ihr im Hause einer mütterlichen, reichen Freundin in Dresden eine Erziehung und Bildung zuteil werden, von der sie auf dem Dorfe nie geträumt hätte:

Sprachen, Musik, Handweberei. Aufnahmewillig, geschickt und begabt lernte sie das ihr so unverhofft Gebotene nutzen und hat später aus der Weberei einen eigenen Beruf machen können. Sie ließ es geschehen, daß der treue Verehrer sie zu einem romantischen Idol machte. Nach Worpswede zurückgekehrt, heirateten sie im Frühling 1901 – zur gleichen Zeit, da sich Paula Becker mit Modersohn und Clara Westhoff mit Rilke vermählten. Nun konnte Vogeler seine geliebte Martha zur Herrin des Barkenhoffs machen.

Nur in verschollenen Briefen und Memoiren lebt noch etwas von den Festen, die auf dem Barkenhoff gefeiert worden sind, in fernem Abglanze. Auf keinem Blatt hat Vogeler etwas davon festgehalten, keinen seiner berühmten Gäste hat er in jenen Tagen gezeichnet: die Brüder Carl und Gerhart Hauptmann, Rainer Maria Rilke, Richard Dehmel, das Ehepaar Eugen und Helene Diederichs, Max Reinhardt, den vielumrätselten Alfred Walter von Heymel (der lange zu Vogelers Förderern gehörte) oder das geigende Wunderkind Georg Kulenkampff. Grünbergs, des mit Vogeler nahe befreundeten Pianisten, kecke Karikatur stammt aus späterer Zeit (Abb. 5) – und von Rudolf Alexander Schröder gibt es nur ein unfreudiges, fast grämliches Aquarell.

Es scheint, als habe der Barkenhoff damals nur einem einzigen Menschen als Wohnstatt gedient; als seien Haus, Terrasse und Garten nur die Bühne für das Auftreten von Martha Vogeler gewesen und die vielen Besuche gleichsam nur die Statisterie dieser Szene. Alles drehte sich um sie und ihre Schönheit, der das Künstlerauge des Hausherren bis in jede Bewegung nachging. Ungezählte Blätter des zeichnerischen Nachlasses bewahren ihre Erscheinung. Das Ätherische dieses Leibes unter den schwerfallenden Gewändern (Abb. 28), das Blühen des leichtgeneigten Köpfchens unter der Haarkrone (Abb. 29), die Mischung aus Scheu und Selbstbewußtsein und immer wieder den Reiz des Profils (Abb. 29, 31, 33). So hat Vogeler sie gezeichnet – lesend (Abb. 27), an die Gartenmauer gelehnt (Abb. 23), vor sich hin schauend (Abb. 30), auf einem Stuhl sitzend in einer Ingres-Haltung

(Abb. 31) oder fast in einer Paraphrase des »Kranken Mädchens« von Munch, das er in Dresden gesehen haben muß (Abb. 32).

Und doch waltet eine Scheu: Es gibt keine einzige Aktzeichnung. Man wird, je länger je mehr, den Eindruck der schönen Pose nicht los. Einmal schrieb der Künstler an Martha aus Bremen, wo er den Abend einer bekannten Tänzerin miterlebt hatte, er habe immerfort an sie denken müssen: »Die paar Bewegungen Deines täglichen Lebens drücken mehr Schönheit aus als das ganze wohleinstudierte Programm dieser leeren Person. Arme Deern, sie ist ja ganz schön aber langweilig ... Die Linie von der Achsel bis zur Hüfte ist ganz tot bei ihr, gerade dieses Stück was bei Dir so schön ist wie bei keiner Frau. Ach, ich darf jetzt gar nicht an so etwas denken; das magst Du nicht gerne hören von mir ...«[9] Spürte sie, daß er mit ihr umging nicht eigentlich als seiner Frau, sondern als mit einem Modell, das den Idealfall verkörperte? Schönheitstrunken genoß der Künstler den Anblick der Geliebten, fügte ihre kleinste Geste seinem Schönheitskanon ein und blieb ihr als Mann schuldig, was sie sich dann von einem anderen nahm. Er hätte mit Novalis sagen können »Ich sehe dich in tausend Bildern« – aber seine Heilige war immer nur Martha, allgegenwärtig, ob als kleine Prinzessin (Abb. 66) ganz im Stil Chagalls (Textabb. III), oder als Gänseliesel des deutschen Märchens. Darum gibt es nur einen einzigen Frauentypus bei ihm. Man denkt an Ähnliches bei seinem glühend verehrten Vorbild Burne-Jones, wo sich alle Frauen gleichsehen, oder an Feuerbach mit der ewigen Wiederkehr seiner Nanna.

Das Idol, das Vogeler mit Stift und Pinsel zu bannen suchte, ist ihm als Mensch schon bald entglitten. Als er dessen innewurde, war es für beide zu spät. Doch die vielen Zeichnungen, unter denen sich selten einmal auch eine rasch skizzierte »Familienszene« mit den drei, bald nacheinander geborenen Töchtern befindet (vgl. auch Abb. 24), lassen die Konflikte und Abgründe nicht ahnen, unter denen Vogeler in wachsendem Maße litt. Schon vor 1914 ist Martha aus seiner Bildwelt verschwunden. Der Dreiklang: Worpswede – Barkenhoff – Martha ergab keine Harmonie mehr.

III Marc Chagall, Die Braut (Bella) (vgl. Abb. 66) ▷

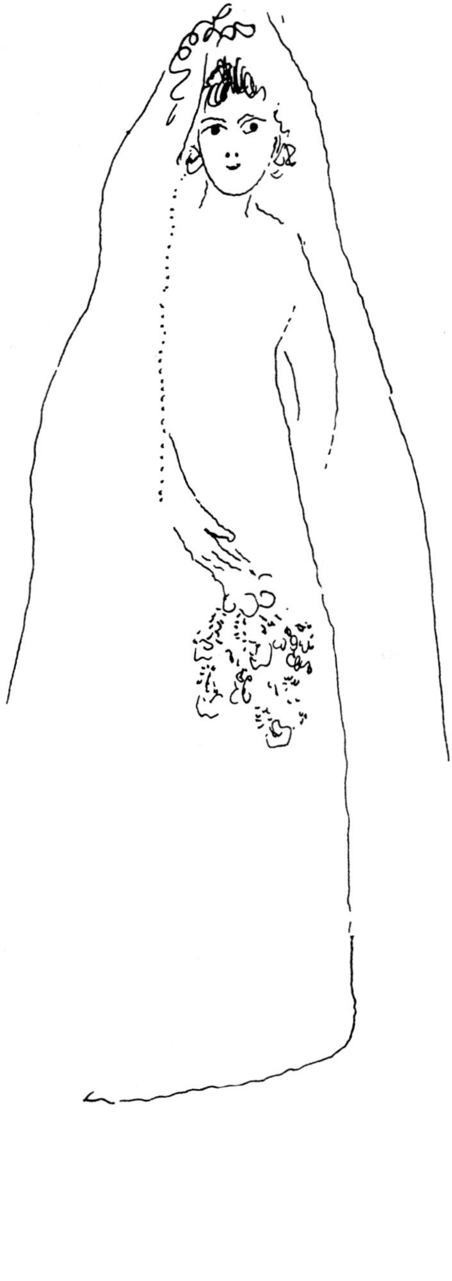

Was Knut Hamsun in seiner »Geschichte einer Liebe« über die Verse des Müllerssohnes Johannes an seine Victoria schreibt, könnte ebenso von Heinrich Vogelers Gedichten an Martha gelten – »eine Kette kunstloser Reime ... Vier kleine Verse an sie ... es war das einfältigste und heftigste Geständnis eines Herzens, ein Ausbruch, der nicht zurückgehalten werden konnte, sondern aus den Zeilen hervorsprang wie Sterne, wenn sie zu leuchten beginnen«. Und der junge Poet hätte dieselben Worte wie Johannes sagen können – daß er so erfüllt sei von ihr und daß dies seine ganze Freude sei: »Alle meine Gedichte sind an sie gerichtet!«

Ein Freund entdeckte eines Tages auf dem Barkenhoff diese Liebesgedichte, »so einfache kleine Sachen, die einem Mädchen gewidmet sind«, an deren Veröffentlichung der liebende Dichter aber nie gedacht hatte. Dennoch ließ er sich aber schließlich dazu bestimmen. Sie kamen als Buch heraus, geschmückt mit dem ganzen Zauber Vogeler'scher Zeichenlaune (Abb. 64, 65, 69, 75, 94) – mit Kirschblüten und Tulpen, Sauerampfer und Wiesenschaumkraut, großäugigen Anemonen, Schneeglöckchen und Rosen, mit schwarzen Amseln im Nest und ziehenden Wildgänsen am Himmel, mit Birkengezweig, schwarzbesegelten Torfbooten und den zarten, ernsten Vignetten der Liebenden. Es wurde eines der schönsten und berühmtesten Bücher des Jugendstils daraus – von ein und demselben Verfasser gedichtet, geschrieben, bebildert und einem rosenbestreuten Vorsatzpapier versehen. Ein kleines Gesamtkunstwerk, wie jene Zeit es liebte – und das noch immer, in einer veränderten Welt, geliebt wird. »DIR« ist in vielen Auflagen erschienen, manche der Gedichte fanden sogar in den Anthologien der Epoche ihren Platz. Vogeler selbst wollte diese naiven, überströmenden ›Herzensergießungen‹ später nicht mehr verantworten. Er meinte sogar, sie seien verfehlt.

Als vielversprechender Künstler auf graphischem Gebiet bekannt geworden, ist Vogeler um 1900, in jener für seine Produktion besonders ergiebigen Zeit, hineingezogen worden in die von England ausgegangenen Bestrebungen zur Erneuerung des Buchwesens. Ziel dieser Bemühungen war die verlorengegangene künstlerische Einheit des Buches, von der Letter über den Satzspiegel bis zur Illustration und zum Einband. Nicht an Luxusdrucke, sondern an das wohlfeile Buch war dabei gedacht, sobald erst einmal der verdorbene Geschmack des lesenden Publikums durch eine Anzahl guter Bücher sich zu wandeln begann. Vogelers Gedanken gingen – wie Rilke wußte – »schon lange in dieser Richtung«.

Eine breitere Wirkung als von dem ganz persönlichen Beispiel »DIR« ging von der Ausstattung einer deutschen Ausgabe der Werke von Jens Peter Jacobsen aus, für die der Verleger Eugen Diederichs in Jena Vogeler gewinnen konnte. Das Erscheinen der drei sorgfältig geplanten Bände zog sich bis 1903 hin. An den dafür geschaffenen Zeichnungen – Vignetten, Zierleisten, Schlußstücken und dem Einband – läßt sich deutlich ablesen, wie sich Vogelers Auffassung vom Buchschmuck um die Jahrhundertwende geändert hat. Vom »treuen« Abbilden der Natur, namentlich der Pflanzen (die in »DIR« fast aus einem Botanikbuch stammen könnten), kam er schließlich zu jenem Verwandeln des Abbilds in ein hochstilisiertes »Inbild«, wofür er Bethge gegenüber den Ausdruck »Vergewaltigen der Natur« fand.

Zwei der damals entstandenen Vignetten mögen dafür als Beispiele stehen. Im Schlußstück zu Jacobsens Roman »Frau Marie Grubbe – Intérieurs aus dem 17. Jahrhundert« (Abb. 72) wird auf eine erzählende Weise zusammengefaßt, was der strenge, karge Text in diesem letzten Kapitel eher verschweigt als ausmalt: die windschiefe, ärmliche Fährmannshütte am Fanefjord, in der die einstige Königsgeliebte als alte Frau resigniert ihrem Tagewerk nachgeht und dem Ende entgegenwartet; die kühle, leere Herbststimmung; der Blick über den breiten Sund nach Moen, über den keine Hoffnung mehr nach Überfahrt fragen wird – mag auch die Blumenzwiebel am Fenster noch eine späte Blüte treiben. Vogeler hat jenen Ort nie gesehen. Aber er hat aus seiner Vorstellung heraus die Dinge zu einer Wahrheit verdichtet, die über alle Wirklichkeit hinaus ist.

Anders ist eine nicht unmittelbar zur Jacobsen-Arbeit gehörende, doch ganz aus dessen oft schwermütiger Grundstimmung stammende Titel-Vignette zu der Novelle »Marlene« des im Ersten Weltkriege gefallenen bremischen Dichters Fritz Rassow (Abb. 73). Hier ist aus der Erzählung ein Emblem geworden. Eine am Meeresufer auf einem Findling sitzende Frau, den abgewandten Blick auf ein in der Ferne entschwindendes Segel gerichtet, faßt das Ganze des kleinen Dichtwerks in ihrer Erscheinung zusammen. Ein bittersüßer Kern – um den die welken Blätter aus den Rosen des Bild-Kranzes gleich schweren, schwarzen Tränen herabfallen. Ein Schicksal ... Beide Vignetten sind, jede in ihrer Art, meisterhafte Beispiele für die Aufgabe, die dieser kleinen Kunstform gestellt ist, jede ist in ihrer Art ein kleines Gedicht.

Der Erfolg der Jacobsen-Ausgabe war groß. Er trug schon binnen kurzer Zeit dazu bei, einen für Vogelers Buchkunst nicht ganz ungefährlichen Vorgang zu beschleunigen. Die Beliebtheit seines gezeichneten Zierates führte dazu, daß manche Verleger diesen kommerziell auszuwerten versuchten – Bücher damit auszustatten, von denen der Künstler im voraus nichts wußte und die er nicht selbst mitgeplant hatte. Eine bekannte Gießerei in Offenbach stellte – wie dies auch mit den Schmuckschriften von Otto Eckmann und Peter Behrens geschah – ein Musterbuch mit »Vogeler-Zierat« zusammen, nach dem man in verschiedenen Größen zu abgestuften Preisen sich für die verschiedensten Gelegenheiten die zierlichen Urnen, Schwäne, Rosenschalen, Girlanden usw. bestellen konnte. So war dem Mißbrauch Tür und

Tor geöffnet, und der Künstler verlor den bestimmenden Einfluß über die Anwendung seiner gezeichneten Geschöpfe. Als der für die Bücher des Insel-Verlages bestimmte Schmuck auch an anderen Stellen auftauchte, geriet Vogeler in eine peinliche, nur durch das Dazwischentreten Heymels gütlich gelöste Lage. Daß auf dem Buchmarkt mancherlei Nachahmungen vertrieben wurden, deren Schmuck bei flüchtigem Hinschauen an den seinen erinnerte, konnte der Künstler nicht verhindern. Es gab eben einen »Vogeler-Stil«.

Es würde zu weit führen, alle Bücher aufzuführen, die von Vogeler selbst ausgestattet worden sind. Seine Zeichenfeder kam nicht zur Ruhe. Es gab oft Wiederholungen, denn der Vorrat an Motiven und Gegenständen, selbst in der halbabstrakten Lineatur pflanzenhafter Erfindungen (Abb. 76), war nicht allzugroß. Jedoch die Variationen der künstlerischen Einfälle, der Reichtum der Veränderungen, das harmonische Aufeinander-Abstimmen im Einzelnen wie im Ganzen (Abb. 78): das zeugt doch von seiner inneren Musikalität, zeugt für den träumenden Lautenspieler, der Vogeler war. Zuweilen nimmt uns die Herzensunschuld gefangen, ein verschwiegenes Lächeln, eine reinliche Aufgeräumtheit, die an englische Kinderbücher erinnern – in anderen Fällen ein todestrauriges Ahnen, eine unendliche Melancholie, wie in manchem Märchen von Andersen (Abb. 95). Es sei nur einmal an eine Folge von Monatsbildern aus dem Worpsweder Kalender erinnert – wo jedes Blatt wie eine Geschichte ist, die mehr weiß als sie erzählt (Abb. 88–93). Der Phantasie öffnen sich weite Wege ... Buchtitel und Rahmenleisten öffnen die Welt der Gedichte, Romane, Erzählungen, zu deren Schmuck sie dienen. Sie sind, in mehr als einem Falle, mehr als nur Zierde.

Ein Höhepunkt seines Buch-Schaffens sind die Illustrationen zu Oscar Wildes »Erzählungen und Märchen«. Fast alle bedeutenden Illustratoren haben sich damals um Wilde bemüht. Von Beardsley angefangen über Rickett bis zu Marcus Behmer und Alastair. An der »Salome« wäre Vogeler vermutlich gescheitert – aber Erzählungen wie »Der glückliche Prinz«, »Der Fischer und seine Seele«, »Die Nachtigall und die Rose« (Abb. 79) und nicht zuletzt das köstliche »Gespenst von Canterville« (Abb. 80, 81) mit seinem traurig-zärtlichen Humor und vielerlei Anspielungen, mußten ihm besonders liegen. Er hatte ja, wie Rilke sich einmal ausdrückte, »geschmückte Träume«. Und das sind diese Illustrationen geworden.

Das Prinzip der Doppelseite, deren linke gänzlich, deren rechte in Form einer von oben her abgestuften Leiste dem Bild-Schmuck dient, ist in dem Wilde-Band zur Vollendung gebracht. Nach Art mittelalterlicher Handschriften, der Stundenbücher vor allem, die Vogeler in Frankreich studiert hatte, werden die um das »Hauptbild« herumgelegten Randleisten als ein zweites Szenarium behandelt, das Raum für eine bunte Fülle von Ereignissen gibt, für lustige oder grimmige Anspielungen auf den Text. Manchmal wird dieser auch »weitergedichtet« – der Illustrator wird zum Mitspieler.

Vom Buch, zumal vom selbstgeschriebenen, war der Weg nicht weit zum Alphabet. Vogeler hat deren drei gezeichnet, wobei er vom »Abstrakten« zum Bildlichen vorstieß. Das vor 1905 entstandene zweite Alphabet (Abb. 82) liegt auf der Grenze, wo bildliche, gegenständliche Assoziationen noch ganz in lineares, unaufdringliches Schmuckwerk verschlungen bleiben; das Auge sieht nur ein zartes Gespinst, dem die schöngeschwungene Form der Letter dunkel aufliegt[10].

Wer Heinrich Vogeler als Zeichner würdigen will, sollte sich zugleich des genau beobachtenden und beschreibenden Geleits von Rilke versichern[11]. Hat doch der Freund aus den Florentiner Tagen wie kein anderer das Schaffen des Gleichaltrigen verstanden, ihm bis über die Jahrhundertwende hinweg Aufmerksamkeit geschenkt – um dann noch einmal, ein Jahrzehnt später, in eine neue Berührung mit ihm zu kommen. Schütter, ja dürftig waren ihm anfangs Vogelers Zeichenstriche vorgekommen, und er hatte dies mit dem noch im Werden begriffenen Garten junger Bäume verglichen, den der Besitzer des Barkenhoffs selbst anpflanzte. Bäume, zwischen denen es Luft, Licht, Durchsicht gab. Der Vergleich ist nicht willkürlich, denn sein Garten war für Vogeler die Welt. »An Stelle des Lockeren und Lichten, das seinen Blättern am Anfang eigentümlich schien, tritt immer mehr das Bestreben, einen gegebenen Raum organisch auszufüllen. Auf den Radierungen der späteren Zeit beginnt diese Absicht deutlich zu werden, aber erst auf den Feder-Zeichnungen erfüllt sie sich ganz. Wie eine Baumflechte mit tausend und abertausend Fäden überzieht die Zeichnung das Blatt, überwuchert es mit ihrem Reichtum, breitet sich darinnen aus wie ein Gewebe unter dem Mikroskop [Abb. 95, 97, 101, 102]. Mag, was den Inhalt dieser merkwürdigen Blätter betrifft, die dekadente Linienphantasie Aubrey Beardsleys anregend auf Vogeler gewirkt haben, das Wesentliche an ihnen wuchs aus ihm heraus, und der Einfluß seines Gartens ist stärker als jeder andere gewesen.«

Mehr als ein halbes Dutzend solcher Einzelblätter (Abb. 93 bis 103) liegt vor. Sie haben im Werk Vogelers die Radierungen abgelöst. Ihre Bestimmung ist nicht bekannt. Man könnte sie wohl als Illustrationen zu ungeschriebenen Büchern ansehen. Nur einmal, bei dem Blatt mit den Kindern vor der Hexe (Abb. 99), kommen einem »Hänsel und Gretel« sogleich in den Sinn. Doch haben im Grunde fast alle diese Blätter ausgesprochenen Märchencharakter. Das Königspaar im Abendgarten unter der Burgstadt (Abb. 96); der »Drachentöter« ([Abb. 97] mit der Erinnerung an Siegfried, an St. Georg), der junge Page im Greifenhorst (Abb. 98), der durch den Wald wandernde alte Zauberer ([Abb. 103] oder ist's eine Zauberin?). Auch über den ins höfische Rokoko versetzten Szenen: der Prinzessin mit dem Pfau (Abb. 101) oder dem ältlichen Paar im Anblick der giftig-geil emporschießenden Wunderblume (Abb. 102) liegt Märchenluft – und nicht zuletzt über dem Boudoir der »Träume« (Abb. 100). Wer diese Blätter genau ansieht[12], wird darin wieder eine Fülle karikierender Züge entdecken können.

Ohne Beardsley sind diese Phantasien undenkbar, wenngleich schon auf den ersten Blick – neben der sparsamen Verwendung seiner Mittel – eine Art ›horror vacui‹ die Entfernung zu dem Engländer anzeigt. Denn auffällig ist, daß die Rolle der leeren weißen Fläche zurückgedrängt, oft bis auf ein Minimum beschränkt wird. Das »Gewebe«, von dem Rilke spricht, verdeckt, verschlingt das Weiß des Grundes, das kaum noch als Aktivum mitspricht (Abb. 97, 101, 102). Andererseits wird die Nähe zu den Illustrationen der Wilde-Märchen augenfällig, namentlich in den Rahmenleisten, die hier nicht – wie häufig bei Vogeler – in spiegelverkehrter Symmetrie sich wiederholen, sondern dem Lauf der Phantasie und ihrer Einfälle freie Bahn lassen (Abb. 99). In manchen Zügen freilich (so in der »Wunderblume«) kündigt sich eine gewisse unlebendige Verfestigung, ja Erstarrung an, die später dem »Marienleben« zum Verhängnis werden sollte. Gefahren, die im Wesen des Künstlers liegen, beginnen sich anzukündigen. Er hatte nun die ihm bestimmte Höhe erreicht. Wie würde es weitergehen? Man könnte sich diese Federzeichnungen als farbig gewebte Teppiche denken, als Wandzierde einer Halle. Vogeler hat ja für die berühmte Weberei in Schaerrebeck im dänischen Nordschleswig – wo Eckmanns »Schwanenteppich« entstand – etliche eigene Wandteppiche entworfen. Vielleicht ist dies die Bestimmung der Blätter gewesen.

Die Jahre um 1900 waren Vogelers schaffensreichste und – was Rang und Güte seiner Hervorbringungen angeht – seine beste Zeit. In dem, was er arbeitete, wußte er sich einig mit der künstlerischen Bewegung seiner Epoche und stand selbst mitten darin. Zu den Zielen des Jugendstils gehörte eine künstlerische Durchdringung des ganzen Lebens, bis in die Arbeitswelt des Alltags (Abb. 84). Nicht um das Staffeleibild, um das einzelne Bildwerk, ging es, sondern um die Rolle, die ihnen im Gesamten zukam. Es ging um Räume, um Wohn- und Geschäftshäuser und ihre Ausstattung (Abb. 85), um das Gerät, Beleuchtung, Möbel, womit gelebt werden sollte. Künstler wie William Morris oder Henry van de Velde gehörten zugleich zu den großen Sozialreformern. Darum bedeutete es für Vogeler ein hohes Lob, als der bekannte Schriftsteller Schaukal den Wartesaal im von Vogeler erbauten Bahnhof Worpswede »eine öffentliche Erziehungsanstalt für den guten Geschmack« nannte. Es ist nicht das einzige, was er gebaut hat. Der schönste Raum, den er schuf, war die Güldenkammer im alten Bremer Rathaus (Abb. 86).

Manches, was der Künstler damals entwarf, steht heute nur noch auf dem Papier: ein veränderter Kunstsinn, Kriegsläufte haben damit aufgeräumt. Aber Kamingitter und Uhren, eingelegte Schränke, weiße Stühle und Spiegelkommoden im strengen, dem schottischen und Wiener Secessionsstil angenäherten Geschmack, das Goldrosenservice für die Berliner Porzellanmanufaktur und die schlichten Gläser für eine böhmische Werkstatt – diese Dinge bezeugen insgesamt eine hohe ästhetische Kultur. Noch heute hergestellte Silberbestecke und anderes Silbergerät wie Leuchter und Platten gehören ebenso dazu wie die kostbaren Schmuckstücke (Abb. 87). Alles aus den Händen eines Künstlers, dessen Schicksal es war, fern von den Kunstzentren der Zeit den möglichen Anteil an größeren Aufgaben zu verfehlen und darum schließlich stehenzubleiben, ohne das ganze Ausmaß seines Könnens geprüft zu haben.

Ein kleines Beispiel aus dem Gebiet der Zeichnungen verdeutlicht dies. In den letzten Jahren vor dem Ausbruch des großen Krieges kam Vogeler in Verbindung mit Hertha Koenig, der jungen westfälischen Dichterin, der Rilke später seine V. Duineser Elegie gewidmet hat. Sie wünschte für ein neues Sonettenbuch eine Reihe von Vignetten, die den einzelnen Abteilungen der Gedichte vorangestellt werden sollten. Vogeler erdachte dafür das schöne Motiv des mit einer verzierten Bordüre gerahmten Spiegels, in dessen Oval sich Figur und Landschaft des jeweiligen

1 Träumerei. Vor 1900

2 Kleiner König. Nach 1900

3 Königspaar. Nach 1900

4 Eingeborene auf Ceylon. 1906

5 Ausflug in den ceylonesischen Urwald. 1906

6 Straßennotizen (Ceylon). 1906

7 Skizzenblatt aus Holland

8 Familie Vogeler beim Rodeln auf dem Weyerberg. 1906/07

Themas spiegeln (Abb. 106–109). Eine eigentümliche, jedoch den Strophen angemessene Form von träumerischer Entrückung. Aber es ist, als habe sich in den vielen Jahren, seit Vogeler zu zeichnen begann, kaum etwas verändert; man könnte meinen, diese Blätter seien schon vor 1900 entstanden. Die leise Melancholie ist die gleiche geblieben. Die Frauenfigur der »Abschiedssonette« (Abb. 109) blickt verloren dem Vogelflug nach, der auf einer Zeichnung derselben Zeit über den Himmel der Worpsweder Hamme-Niederung zieht (Abb. 110). Mit dünnem Stift steht dort darunter geschrieben das eine Wort: Hoffnungen.

Da sind orientalische Köpfe, Männer im Gespräch, ein Hockender am Straßenrand, Ware feilbietend, ein anderer nähend ... Neue »Menschennotizen«? (Abb. 36–39; Farbtafel 6) Diesmal: Beobachtungen aus Ceylon, wohin Vogeler 1906 gereist war, um sich auf der Seereise von der Überanstrengung seiner durch allzu intensive graphische Arbeit geschädigten Augen zu erholen[13]. Auf den Reichspostdampfern des Norddeutschen Lloyd hatte er auf Anordnung des Generaldirektors der Reederei das sonst gesperrte Kapitänsdeck für sich allein, um ungestört ruhen zu können. So kehrte er nach einigen Monaten geheilt wieder zurück. Begreiflicherweise war die Augenbeute dieser Asien-Reise nicht eben groß. Aber die Taschenbücher enthalten doch von den Tagen auf der Insel (wo Vogeler zeitweise in einem Dorf des Landesinneren wohnte) zahlreiche Skizzen, die nicht nur das wiederentdeckte Sehvermögen, sondern zugleich das nie erlahmende Interesse an der menschlichen Umgebung bezeugen.

Die dunkelhäutigen Ceylonesen, ihr Leben in einer paradiesähnlichen Umgebung zwischen Wasser, Gestein und grünem Urwald fesselten Vogeler. Aquarelle halten die Eindrücke fest; auch der unheimliche große Frosch, der mit seinem Geklapper »den Ton in der Sinfonie des Urwaldes angab«, äugt vom Geäst (Farbtafel 5). Die anmutigen Gestalten der Eingeborenen hat Vogeler nie vergessen (Farbtafel 4); fast 20 Jahre später erscheinen sie auf den Fresken, mit denen er den Speisesaal der Barkenhoff-Kommune ausmalte. Andere Zeichnungen berichten vom Leben der britischen Tee-Farmer. Auf einem dieser Blätter finden sich gleichsam alle Charaktere der englischen Kolonialherrschaft vereinigt, müßig, im abendlichen Meinungsaustausch um den Tisch mit den Whiskey-Flaschen versammelt (Abb. 40); sogar ein »Churchill-Typ« ist darunter: Beispiel für Vogelers äußerst genaue Menschenbeobachtung. Er selbst, den Tropenhut auf dem Kopf und das Stöckchen unter dem Arm, betrachtet die Szene von fern, kritisch, verwundert: von Kopf bis Fuß ganz »Lord Henry« (Abb. 41).

Zurückgekehrt, konnte er im Winter wieder mit den Seinen durch tiefen Schnee den Weyerberg hinunterrodeln (Farbtafel 8).

»Überhaupt regt mich die Malerei viel weniger an als die Skulptur.« In den Skizzenbüchern Vogelers aus jener Zeit vor dem Weltkrieg findet dieser Satz aus einem Brief an seine Frau vielfache Bestätigung. Ein Wort aus Reisejahren, die den unruhig Suchenden, innerlich Heimatlosen weit herumführten. Figürliches, das seine Aufmerksamkeit fesselt und rasch gezeichnet wird, ist manchmal nur eine markante Einzelheit, die dann wie ein Fragment auf dem Blatte steht (Abb. 42–45). In Straßburg ist es der Figurenschmuck des Münsters, von dem er tiefe Eindrücke empfing. In Würzburg begegnete er den ausdrucksstarken

Plastiken des Bildschnitzers Tilman Riemenschneider. »Ich war erschüttert und erhoben«, schrieb er 30 Jahre später. Dort, am Main, nahm ihn aber auch der ganze Zauber des Barock gefangen – nicht weniger dann in Wien und Salzburg, wohin er um einer geplanten Folge von Mozart-Illustrationen willen reiste. Hellbrunn entzückte ihn – und im Park von Veitshöchheim sah er »lauter fidele Figuren ...« (Abb. 46, 47)

Es war in solchen Fällen wiederum weniger das Körperhaft-Plastische, was sein Künstlerauge fesselte, sondern die Figur in ihrer Bewegung. Als er 1911 in Paris war und Rilke besuchte, sagte ihm die ganze moderne französische Malerei nichts: um so intensiver studierte er im Louvre die Plastik der Ägypter und Assyrer-Babylonier, ihre »schlichte Einfachheit ... und die Ruhe und reine Schönheit der Linie«. Er fand bestätigt, was er suchte: »Den Rhythmus in einem begrenzten Raum« (Abb. 50, 51). Wenn er der Linie – den Zeichner verratend – vor allem anderen den Vorzug gab, verleugnete er sich nicht; wenn er jetzt zeichnete, kehrte er oft wieder zu Beardsley zurück. In welchen Widersprüchen er sich jedoch bewegte, zeigen die Zeichnungen einer Tänzerin (Abb. 54, 55), in denen seine heimliche Liebe zu Klimt ganz offen zutage tritt.

In Berlin lebte Vogeler zeitweilig mit einer Tänzerin zusammen, deren aparte Schönheit auffiel: Taka Taka, der Tochter eines japanischen Studenten und einer Berliner Maurerstochter. Bezeichnend ist, wie Vogeler sie einmal charakterisierte: »Ihre Bewegungen sind ganz *Styl.*« Damit spricht er aus, was ihn am weiblichen Tanz fesselte und was er davon erwartete. Taka Taka ist auf vielen Zeichnungen der Vorkriegszeit wiederzuerkennen; für die ägyptische Königstochter in der »Findung Mosis« (Abb. 52, 53) gab sie das Modell ab. In diesem Blatt findet man das zuvor Gesagte vereinigt: den Stil der Bewegung, den Rhythmus im begrenzten Raum, die Komposition des Ganzen als tänzerische Choreographie; die Erinnerung an das Vorbild Beardsley kommt hinzu.

Aber nach der Lösung seiner Beziehung zu Taka Taka hörten Vogelers Begegnungen mit dem Tanz (Abb. 48, 49, 56), der als eigenständige Kunstform eine immer größere Rolle zu spielen begann, nicht auf. Als die Schule der Isadora Duncan in Bremen ein Gastspiel gab, saß er unter den Zuschauern und zeichnete eifrig. Gegen Ende des Ersten Weltkriegs befand sich unter den vielen jungen Menschen, die es auf den Barkenhoff zog, eine ganze Gruppe von Tänzerinnen (Abb. 57). Darunter waren zwei, die Vogeler besonders fasziniert haben müssen: Mana Glahn und Charlotte Bachrach. Von letzterer, die als »die Bara« bekannt wurde und später in Locarno ihre eigene Tanzbühne schuf, zeichnete er 1918 mit dem Tuschpinsel eines seiner besten Bildnisse (Abb. 59). Man merkt es dieser schönen Arbeit an, daß sie an der Schwelle einer neuen Freiheit entstand.

Um 1911/12 suchte Vogeler als Mensch wie als Künstler diese Freiheit vergebens. Wohl empfand er jetzt, daß seine früheren Bindungen »Rosenketten« gewesen waren, die ihm nun als Fesseln erschienen. Ihm fehlte die Kraft, sich daraus zu lösen. Entscheidendes war versäumt worden. Anders als der in Paris lebende Freund Rilke hatte Vogeler sich niemals der Erschütterung ausgesetzt, die von den tiefsten Kräften der Zeit in Bewegung gesetzt worden waren. Er hatte sie nicht einmal als solche erkannt: im Gegensatz zu Paula Modersohn, die ihn vergebens nach Paris holen wollte. Weder van Gogh noch Cézanne sind für ihn in einer den ganzen Menschen (und nicht nur das »Künstlerische«!) ergreifenden Weise zum Ereignis geworden. Rilke dagegen wußte, daß Bilder die Welt verändern können.

Am Dreikönigstag 1912 erhielt Rilke in Duino einen Brief Kippenbergs[14], in dem der Verleger ihm schrieb, Vogeler habe den Wunsch, eine Reihe ihm einst auf dem Barkenhoff gewidmeter Gedichte mit Bildern zu schmücken und als ein »Marienleben« herauszugeben. Der Dichter erwiderte, Vogeler komme da auf einen ganz alten Plan zurück, den er für aufgegeben gehalten habe, »um so mehr, als ich seit Jahren die Fühlung zu seinen Arbeiten verloren habe, wie er auch das, was ich jetzt mache, wahrscheinlich völlig an sich muß vorübergehen lassen«. Diese Tatsache habe freilich an den alten Grundsätzen der Freundschaft, die sie verbinde, nichts verdorben . . .

Rilke hatte einst, in seinem Worpswede-Buch, den Freund als »Meister eines stillen deutschen Marienlebens« bezeichnet, das still in seinem Garten vergeht. Nun war alles anders geworden, und Rilke behielt recht mit seiner Vermutung. Es zeigte sich, daß für ein »Marienleben« der Bestand jener alten Gedichte nicht ausreichte; als dann wider Erwarten dem Dichter in jenen Tagen plötzlich 15 neue Gedichte glückten, die als geschlossener Kreis wirklich ein »Marienleben« ergaben, war es Vogeler, der den neuen Strophen nicht zu entsprechen vermochte. Er machte eine Reihe von Entwürfen, für die aber Rilkes Gedichte in Wahrheit »nicht unmittelbar anregend« gewesen sind (Abb. 104, 105). Es war diesem schmerzlich, daß Vogeler mit seinen Zeichnungen »ohne Unterkunft bleibe«, während er ihm doch das Entstehen des neuen Gedicht-Kreises zu danken habe – aber es gab keinen anderen Ausweg, als den Plan abzusagen. Nicht einmal zur Verwendung des ihm am meisten zusagenden Blattes – der Hirtenverkündigung (Abb. 105; vgl. dazu Textabb. IV) – als Innentitel konnte sich Rilke entschließen: So sehr fielen Verse und Zeichnungen auseinander. Der Dichter fand den freundschaftlichen Ausweg, die Dichtung Vogeler zu widmen: »Heinrich Vogeler / dankbar / für alten und neuen Anlaß zu diesen Versen.«

Wer die Zeichnungen betrachtet, wird Rilkes Absage verständlich finden. Denn der Dichter muß erschreckt gesehen haben, welche Kluft sich zwischen seiner eigenen Erfahrung der Kunst und dem Standort des Freundes auftat. Er schrieb an Kippenberg: »Die Vogelersche Kunst ist vielleicht nie mehr gewesen, als sie jetzt ist, nur daß wir sie eben gleichsam immer unter der verschwiegenen Bedingung hinnahmen, daß sie noch etwas mehr würde. Darum ist sie uns nun, in ihrem Stehengebliebensein, gleich unzulänglich . . .«

Das Wort »Stehengebliebensein« klingt hart, trifft jedoch genau den Sachverhalt. Rilke sah, daß Vogeler ein Gefangener

IN·MEMORIAM OSCAR·WILDE

seiner selbst geworden war – auf einem Wege, der keine Entfaltung mehr brachte, sondern im Kreise ging. Die lineare Erstarrung, die dekorative Leere, die fast gestelzte Unlebendigkeit dieser Blätter, das künstlerisch Tote darin: Alles deutet auf »Stehengebliebensein« und erscheint unzulänglich. In der bewußten Entfernung vom Naturalistischen, für die der Künstler alle Kraft hatte aufbringen müssen, war er nun allmählich in ein anderes Extrem geraten. Würde er sich aus diesem Gefängnis wieder befreien können? Damals war er 40 Jahre alt.

Als 70jähriger sollte er in der Steppe Kasachstans elend verhungern[15]. Aber bis dahin war ihm noch eine bewegte Lebensstrecke beschieden – ein Schicksal, das niemand hätte voraussagen können. Der Erste Weltkrieg zog nicht nur einen Schlußstrich unter seine zerstörte Ehe, sondern brachte dem freiwilligen Kriegsteilnehmer die gleiche tiefe Erschütterung, die andere deutsche Künstler erlebten und auf der Suche nach Freiheit, Frieden, Menschlichkeit auf einen neuen Weg drängte. Dieser Weg ist übersät mit Protesten und Bekenntnissen, stillen und flammenden ... Vogeler war der einzige, der schließlich eine radikale Konsequenz zog. Nachdem sein noch auf anarchistischen Idealvorstellungen wie den Lehren Kropotkins (Abb. 117, 118) aufgebautes Experiment einer freien Kommune auf dem Barkenhoff gescheitert war, ging er nach Rußland. Weil er an das Gute in der Revolution glaubte, meinte er es auch zu finden.

Wenn ihm später, in den Jahren immer größerer Entbehrung und Isolierung, Zweifel gekommen sein mögen, so schwieg er sie

◁ IV Walter Tiemann, Titel zu *In Memoriam Oscar Wilde* (vgl. Abb. 105)

lieber in sich hinein; nachdem er seine alte Welt preisgegeben hatte, wollte er und konnte er nicht noch einmal abtrünnig werden. Gläubig einer neuen Religion der Menschenliebe vertrauend, blieb er im Grunde ein politischer Analphabet bis zuletzt. Wirtschaftliche Not, schwere Enttäuschungen in seiner zweiten Ehe – die bald darauf in Rußland ebenso zerbrach wie die erste – veranlaßten ihn, Ende 1931 endgültig nach Moskau zu gehen. Noch zehn Jahre zuvor hatte die neue Heirat ihm die Tore des Kreml geöffnet; jetzt mußte er vom amtlichen Gnadenbrot zehren, das ihm mit Aufträgen für Volksmuseen, Mitarbeit an einer Baumwollversuchsstation, Entwürfen für ein Puppentheater in Odessa u. a. gewährt wurde. Emigrierte deutsche Künstlerkollegen mieden ihn – die tapfere Rundfunksprecherin Ada von Bastineller ausgenommen, die sich sogar bei Molotow für ihn verwendete. Eine Ausstellung von Bildern, die noch im März 1941 gegen alle Widerstände arrangiert wurde, nützte ihm nichts. Ein halbes Jahr später, nachdem der Krieg im Osten ausgebrochen war, wurde er nach Kasachstan verschickt; im Sommer 1942 ist er in einer Bauernhütte an Hungerödemen gestorben. In einer letzten heimlichen Nachricht an Theodor Plivier heißt es: ». . . Steppe ohne Baum und Strauch. Wind, Wind, Sturm . . . Sehr schlecht für meine verknöcherte Brust. Ich habe mir das Ende meines Lebens anders gedacht . . .«[16]

Man kann die Aufzählung dieser traurigen Lebensstationen nicht umgehen, denn das Ende des Künstlers ist davon untrennbar. Künstler sein hieß jetzt: dem werktätigen Volk dienen. Zwar hat Vogeler noch anfangs der 20er Jahre einige seiner besten Bilder gemalt, die nicht auf ideologischen Krücken gehen. Aber daneben entstanden bereits die pseudo-expressionistischen Versuche der politischen »Komplexbilder«, in denen Vogeler sich eine ihm zutiefst fremde Kunst-Sprache anzueignen suchte, für die ihm jegliche Anlage fehlte (Abb. 119, 120). Als er, zu spät schon, bemerken mußte, daß er sich mit diesen fragwürdigen Schöpfungen nicht mehr auf dem Boden der veränderten offiziellen Kunstlehre befand, gab er auf und zog sich auf eine Art unverbindlich-freundliche, impressionistische Gebrauchskunst zurück.

V Franz Marc, Versöhnung (vgl. Abb. 123)

Was aber wurde aus dem einst unermüdlichen Zeichner? Wo immer sich ihm die Möglichkeit bot, ist er mit Stift, Feder oder Aquarellpinsel tätig gewesen. Nachdem er zeitweise im Osten, beim Stab einer deutschen Armee, Kriegszeichner (Abb. 111, 116) gewesen war[17], zeichnete er später die Arbeitenden im Gemüsegarten der Barkenhoff-Kommune, illustrierte ein sozialistisches Kinderbuch, entwarf Zeichnungen für eine politische Broschüre (Abb. 121, 122), schmückte sein Rußland-Buch mit Kreml-Ansichten, brachte aus Karelien von mehreren Fahrten zahlreiche Landschaftsskizzen mit (Abb. 113), ebenso aus Asherbeidschan und anderen Ländern der Sowjetunion (Abb. 114, 115). Und »Menschennotizen« blieben seine Leidenschaft: Flößer, Bauern, Hirten, Arbeiter (Abb. 60–63).

Aber mehr als ein bescheidener Beitrag zum »sozialistischen Realismus«, der in Wahrheit ein idealistischer Naturalismus ist[18], bedeutete das alles nicht. Was entstand, war im strengsten Sinne zumeist schon keine Kunst mehr, sondern Dokumentation mit künstlerischen Mitteln. Der Gräfin Grethe Hardenberg hatte er 1917 geschrieben, manche würden eines Tages traurig sein, den lieben alten Heinrich Vogeler nicht mehr zu finden. In einem anderen Sinne, als er es gemeint hatte, ist dies Wahrheit geworden. Der Künstler, das schöpferische Ingenium, war verstümmelt, verschüttet, abgestorben. Jahrelang oblag es Vogeler, auf Blättern und Seiten, die je länger je mehr plakativ, rhetorisch, leer wirken, die ihn umgebende Welt zeichnend abzubilden, abzuschildern. Es sind unter diesen Zeichnungen nur wenige, auf denen sich nicht bemerkbar macht, was Vogelers Schwiegersohn Gustav Regler mit eisiger Treffsicherheit den »Rauhreif der ideologischen Verpflichtung« genannt hat.

Eines der »Embleme«, die Vogeler schuf, läßt diese Zusammenhänge erschütternd deutlich werden (Abb. 123). Hält man Franz Marcs »Versöhnung« (Textabb. V) daneben, so weiß man, warum Vogeler kein Expressionist war. Aber hinter allen Verkrampfungen, dogmatischer Erstarrung und formalem Leerlauf bleibt etwas spürbar, was uns sagt, daß hier ein großer Liebender am Werk war, der von Welt und Menschen enttäuscht in den Tod gehen mußte.

Heinrich Vogeler
Zeichnungen

Die Zeichnungen sind in drei Gruppen geordnet, die den hauptsächlichen Neigungen des Künstlers zu folgen versuchen. Die *erste* Reihe (Abb. 1–63) umschließt unter dem Stichwort »Figur und Bewegung« seine lebenslang in Skizzenbüchern und auf Einzelblättern fortgesetzten »Menschennotizen« (wie er sie selbst nannte); in diese Gruppe sind auch die Zeichnungen nach Plastiken sowie vor allem die Karikaturen aufgenommen worden. Die *zweite* Reihe betrifft unter dem Stichwort »Dekoration und Illustration« (Abb. 64–112) das Hauptgebiet von Vogelers Kunst, auf dem er – trotz aller Bemühungen um die Malerei – sein Bestes geschaffen hat. Um nicht dem Vorwurf ausgesetzt zu sein, das in seinem Kern politisch bestimmte Spätwerk ausgeklammert zu haben, werden in einer bewußt knapp gehaltenen *dritten* Reihe (Abb. 113–123) einige Beispiele aus der Zeit nach 1918 gebracht, wobei freilich künstlerische Gesichtspunkte kaum mehr eine Rolle spielen konnten.

Die Anlässe zur Entstehung der hier gesammelten Blätter (vgl. dazu das Nachwort) machen es von vornherein erklärlich, warum über die genaue Zeit der Entstehung in den meisten Fällen keinerlei präzise Klarheit besteht. Nur dort, wo das Entstehungsdatum eindeutig feststeht, ist es in der folgenden Übersicht jeweils hinzugesetzt worden. Auch signierte Blätter pflegte Vogeler nicht immer zu datieren; ebensowenig garantiert der Druck eines Blattes (etwa in einer Zeitschrift) die genaue Zeit des Entstehens. Soweit möglich und sinnvoll, sind die Arbeiten innerhalb der Gruppe nach stilistischen Gesichtspunkten geordnet worden, was die zeitliche Folge impliziert. Die unter dem Eindruck Beardsleys um 1900 vollzogene Wendung läßt sich deutlich ablesen. Landschaften, deren Anteil im gezeichneten Werk geringer ist als im gemalten, treten erst in Vogelers Spätzeit stärker in den Vordergrund, was vielleicht mit den für ihn in der Sowjetunion gegebenen Verhältnissen zusammenhängen mag.

Figur
und Bewegung

4

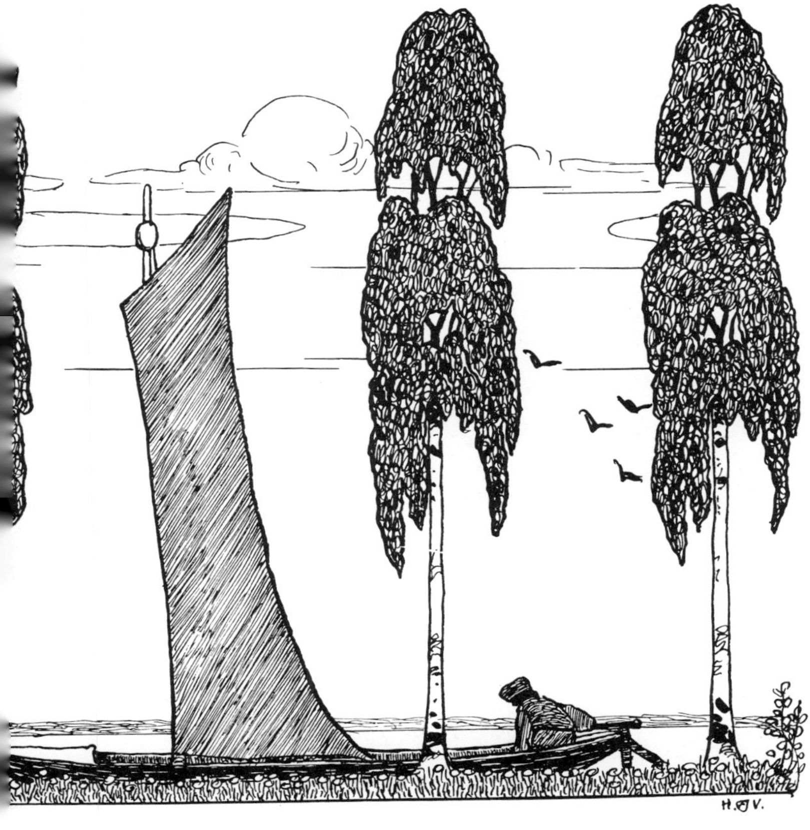

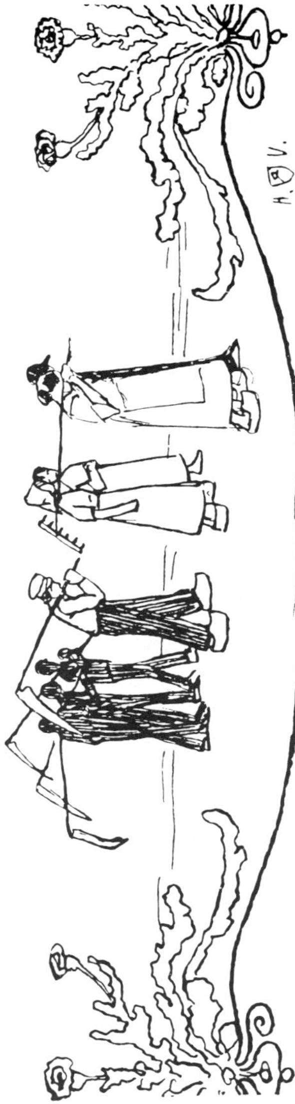

Barkenhoff

H.V.

Heinrich Vogeler
Worpswede.

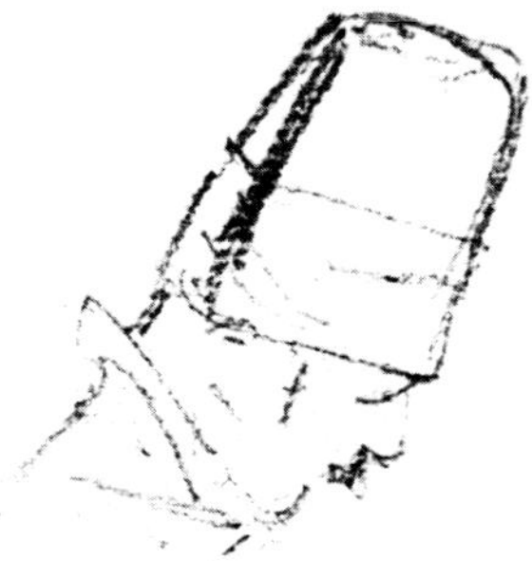

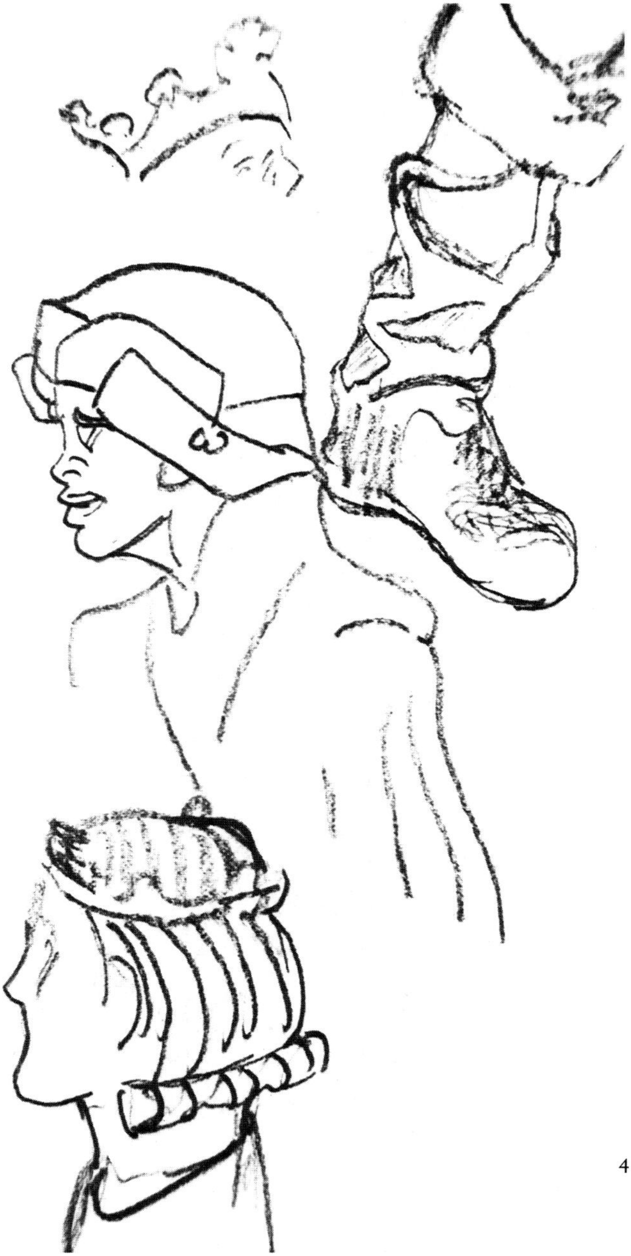

H. V.

Dekoration
und Illustration

H.V.

EX LIBRIS
BARKEN HOFF.
HEINRICH VOGELER
H.V.

H.
V.

MIR ZUR FEIER.

Gedichte von Rainer Maria Rilke.

Verlegt bei Georg Heinrich Meyer Berlin.

Auf blankem Strom
Zwischen Schilf und Ried
Mein gleitender Kahn zur Haimath zieht.
Die Sonne vergoldet zum letzten Mal
Die Gräserspitzen im schweigenden Thal.
Es athmen die Wiesen Blumenduft,
Die Schwalbe badet in goldener Luft.
Die Reiher ziehn in die Ferne. –
Ach wenn ich mein Mädel im Arme hätt'
Das Eiland dort würd' unser Hochzeitsbett;
Bleichrote Schilfblumen hielten Wacht.

Der Kaiser
und die Hexe
von Hugo von
Hofmannsthal
(Geschr. 1897)

79 ▷

ALS Mr. Hiram B. Otis, der amerikanische Gesandte, Schloß Canterville kaufte, sagte ihm ein jeder, daß er sehr töricht daran täte, da dieses Schloß ohne Zweifel verwünscht sei.

Sogar Lord Canterville selbst, ein Mann von peinlichster Ehrlichkeit, hatte es als seine Pflicht betrachtet, diese Tatsache Mr. Otis mitzuteilen, bevor sie den Verkauf abschlossen.

„Wir haben selbst nicht in dem Schloß gewohnt," sagte Lord Canterville, „seit meine Großtante, die Herzoginmutter von Bolton, einst vor Schreck in Krämpfe verfiel, von denen sie sich nie wieder erholte, weil ein Skelett seine beiden Hände ihr auf die Schultern legte, als sie gerade beim Ankleiden war. Ich fühle mich verpflichtet, es Ihnen zu sagen, Mr. Otis, daß der Geist noch jetzt von verschiedenen Mitgliedern der Familie Canterville gesehen worden ist, sowie auch vom Geistlichen unserer Gemeinde, Hochwürden Augustus Dampier, der in King's College, Cambridge, den Doktor gemacht hat. Nach dem Malheur mit der Herzogin wollte keiner unserer Dienstboten mehr bei uns bleiben, und Lady Canterville konnte seitdem des Nachts häufig nicht mehr schlafen vor lauter unheimlichen Geräuschen, die vom Korridor und von der Bibliothek herkamen."

„Mylord," antwortete der Gesandte, „ich will die ganze

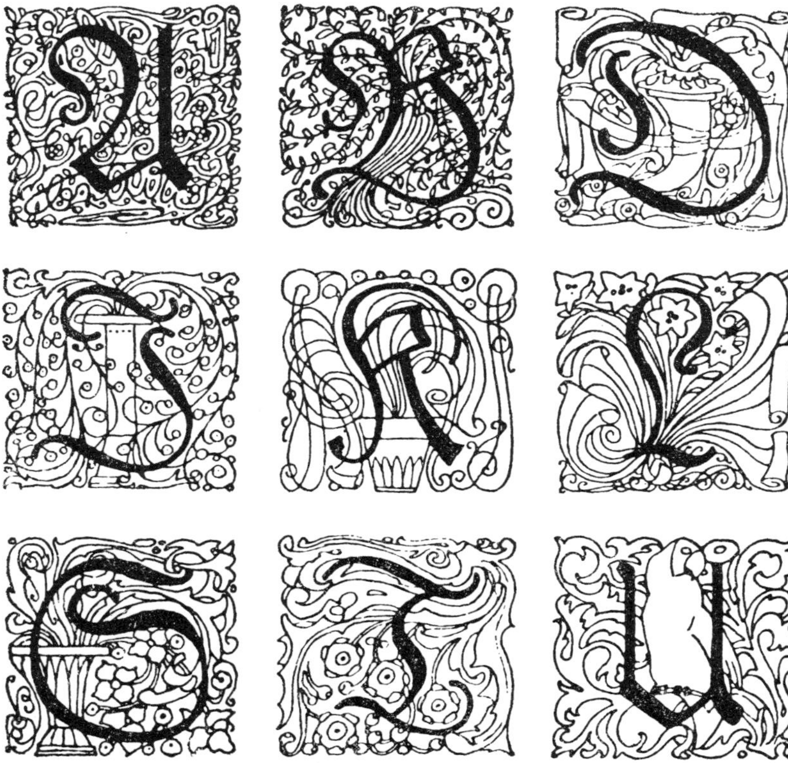

VII
JNTERNATIONALER KONGRESS
FÜR GEWERBLICHEN RECHTS-
SCHUTZ. BERLIN MAI 1904

H.BV.

20. Juli 1905
H Vogeler

JANUAR
H.E.V.

FEBRUAR

MAERZ
H.V

JUNI
H.OV

OCTOBER

NOVEMBER
HV

H. V.

H.B.V.

Heinr. Vogeler

H.V.

HV

H. Vogeler.

HVogeler

Im Dienst
der Kommunistischen Idee

H. Vogeler.

МОПР
H.V.

STREIK gegen LOHNRAUB
STREIK. Für die BEFREIUNG der ROTEN BETRIEBSRÄTE

DIE
ROTE
HILFE
LEBT!
HERAUS
MIT DEN
POLITISCHEN

H.B.V.
W.

Nachwort und Danksagung

Die in diesem Bande vereinigten Zeichnungen von Heinrich Vogeler sind nur zu einem geringen Teil als »autonome« Kunstwerke entstanden. Ihre Anlässe kamen aus den verschiedensten Gebieten und haben in deren Dienst ihren Sinn gefunden: als Dekoration, als Illustration, als Buchschmuck oder als Entwurf. Andere wieder sind Niederschriften aus dem Bereich persönlichen Erfahrens: als Porträts oder das Leben des Alltags spiegelnde »Menschennotizen«. Nur eine einzelne, bald nach 1900 entstandene Gruppe hebt sich davon ab als Reihe selbständiger Kunstwerke.

Trotz der großen Verschiedenheit ihrer spontanen oder zweckgebundenen Entstehung eignet den Zeichnungen ein gemeinsamer Charakter. Es sind Schöpfungen, die der deutsche Jugendstil geprägt hat. Dabei lassen sich Vogelers gezeichnete Arbeiten unter einer vierfachen Perspektive sehen. Bedeutungsvoll ist einmal die Rolle der Karikatur, die bei ihm offenbar weit stärker ist, als man bisher zuzugeben bereit war; zum anderen die Rolle der »femme fatale«, die in der Gestalt Martha Schröders für Vogeler geradezu im Wortsinne schicksalhaft geworden ist; zum dritten der übermächtige Schatten Aubrey Beardsleys, der selbst Vogelers Bestes gefährdete, und schließlich die dominierende Rolle des Dekorativen, an die sich auch seine Märchenlust verausgabte. Dies etwa wäre ein Koordinatenkreuz für Vogelers Schaffen, das gerade in seinen Zeichnungen sichtbar wird.

Im letzten Viertel des Jahrhunderts sind nur noch wenige unter uns, mit denen und für die Vogeler geschaffen hat. Zu ihnen gehört Hertha Koenig, der dies Buch dankbar zu ihrem 92. Geburtstag gewidmet ist [Hertha Koenig starb im Oktober 1976]. Mag es auch kühn sein, sich mit solcher Widmung fern neben Rainer Maria Rilke zu stellen, der den Namen der Dichterin für immer festhält, so mag dies doch im Blick auf die beiden einst verbundenen Künstler gerechtfertigt sein.

Aber auch der Name Ada von Bastineller darf an dieser Stelle nicht fehlen. Hat doch die jüngst im höchsten Alter Verstorbene in unvergessenen Stunden des Vertrauens dem Autor mehr von Vogelers Herz und Geist vermittelt, als ganze Bücher vermocht haben. Das ist diesem Buch zugute gekommen.

Schließlich gilt es auch dem Verleger Ernst Brücher zu danken, der seine Freude an Heinrich Vogelers Kunst erneut bekundete und durch eine »liebevolle Einführung« bestärkt sehen wollte. Ob letzteres geglückt ist, soll der Leser entscheiden – nicht zuletzt aber am Witz und an der Zärtlichkeit der Zeichnungen seine eigene Freude finden, auf die es doch ankommt.

Allen, die zur Auswahl und Veröffentlichung der Zeichnungen beigetragen haben – insbesondere Hans Herman Rief und dem Worpsweder Archiv, in dem sich die meisten Originalwerke befinden, und Peter Elze, der die Fotos machte –, sei auch an dieser Stelle Dank gesagt.

Freiburg im Breisgau, 1. Mai 1976 H. W. P.

Anmerkungen

1 Nähere biographische Angaben hierzu und zum folgenden passim: vgl. H. W. Petzet, *Von Worpswede nach Moskau: Heinrich Vogeler – ein Künstler zwischen den Zeiten.* Köln 1972, 3. Auflage 1974

2 R. M. Rilke, *Heinrich Vogeler.* In: *Gesammelte Werke,* Bd. 5, S. 553 ff., Frankfurt a. M. 1965, sowie ders. in: *Worpswede.* Knackfuß' Künstlermonographien Bd. LXIV, 1903, S. 102–121

3 Robert Schmutzler, *Art Nouveau – Jugendstil.* Stuttgart 1962, S. 183

4 Heinrich Vogeler an Hans Bethge 12. 2. 1900. Der als Ganzes bisher unveröffentlichte Brief ist im Besitz des Deutschen Literaturarchivs, Marbach, und wird mit dessen freundlicher Genehmigung hier zitiert. Das gleiche gilt von dem auf S. 21 zitierten Brief Vogelers an Bethge.

5 Heinrich Vogeler an Flodoard von Biedermann 1901. Wie Anm. 4

6 Fitgers Rezension ist im Auszug abgedruckt in: *Worpswede.* Katalog der Kunsthalle Bremen, 1970, S. 60

7 Hofmannsthal, *Buch der Freunde.* Frankfurt a. M. 1949, S. 87

8 Der Katalog einer Münchener Ausstellung von Jugendstil-Illustratoren in München (Stuck-Villa 1970) zählt 74 Künstler auf, von denen fast die Hälfte mit Karikaturen vertreten war.

9 Heinrich Vogeler an Martha Vogeler 5. 11. 1910 / Worpsweder Archiv

10 Ein weiteres, aus bild-hinterlegten Initialen bestehendes Alphabet hat Vogeler für die 1920 in Berlin erschienene deutsche Ausgabe von Peter Kropotkins *Eroberung des Brotes* gezeichnet (vgl. Abb. 117)

11 Vgl. Anm. 2

12 Bei näherem Betrachten läßt sich eine Fülle von humorvollen und karikierenden Einzelheiten entdecken. Man vergleiche z. B. die erschlagenen Drachen auf Vogelers »Drachentöter« und Beardsleys »Siegfried«, von denen der eine listig, der andere hämisch zu blinzeln scheint.

13 Die genannten Zeichnungen (Abb. 36–39) lassen deutlich Vogelers geschwächte Augenkraft erkennen

14 Vgl. den Briefwechsel Rilkes mit seinem Verleger, Bd. 2, S. 156 ff., Frankfurt a. M. 1949, 2. erweiterte Ausgabe

15 Zu dieser je nach der politischen Einstellung immer noch umstrittenen Frage vgl. Petzet a. a. O., S. 169 ff.

16 Heinrich Vogeler an Theodor Plivier 20. 10. 1941. Der Text der Postkarte ist abgedruckt bei: Harry Wilde, *Nullpunkt der Freiheit.* 1965. Ähnlich: Ada von Bastineller (mündlicher Bericht).

17 In einem unveröffentlichten Tagebuch jener Zeit (Deutsches Literaturarchiv, Marbach) vermerkt Harry Graf Kessler, daß Vogeler ihn damals gezeichnet habe. Diese Porträt-Zeichnung gilt als verschollen (freundlicher Hinweis Dr. Simon).

18 Vgl. dazu Georg Schmidt, Basel, in: *Realismus und Naturalismus.* Beitrag zur Heidegger-Festschrift. Pfullingen 1959

Literaturhinweise

Ahlers-Hestermann, Friedrich *Stilwende.* Berlin 1941

Barkenhoff-Stiftung Worpswede (Hrsg.) *Träume, Wege, Irrwege. Nachdenken über Heinrich Vogeler.* Zusammengestellt von Ernstheinrich Meyer-Stiens. Lilienthal 1992

Barkenhoff-Stiftung Worpswede/Baumann, Cornelia/Losse, Vera (Hrsg.) *Heinrich Vogeler und der Jugendstil,* Ausstellungskatalog Barkenhoff, Große Kunstschau, Haus im Schluh, Worpswede 1997/98. Köln 1997

Bauch, Kurt/Seling, Helmut *Jugendstil. Der Weg ins 20. Jahrhundert.* Heidelberg/München 1959

Beardsley, Aubrey *Illustrationen* zu Oscar Wildes *Salome* (Insel-Bücherei Nr. 247)

Behrens, Peter *Feste des Lebens und der Kunst.* Leipzig 1900

Crane, Walter *Dekorative Illustration des Buches.* Leipzig 1901

Deutsche Buchkunst 1890–1900. Hrsg. von der Maximilian-Gesellschaft. 2 Bde, Text von Kurt Georg Schauer. Hamburg 1963

Deutsche Kunst und Dekoration. April 1899; 1902 (Nordwestdeutsche Kunstausstellung, Oldenburg 1905)

Hofmannsthal, Hugo von *Gesammelte Werke.* Bd. I und V. Berlin 1959

Hofstätter, Hans H. *Geschichte der europäischen Jugendstilmalerei.* Köln 1963, 4. Auflage 1972

Hofstätter, Hans H. *Symbolismus und die Kunst der Jahrhundertwende.* Köln 1965, 2. verbesserte Auflage 1973

Neteler, Theo *Heinrich Vogeler. Buchgestalter und Buchillustrator.* Mit einer Bibliographie. Fischerhude 1991

Raabe, Paul (Hrsg.) *»Ich schneide die Zeit aus«. Franz Pfemferts »Aktion« 1910–1919.* München 1964 (dtv-dokumente)

Rief, Hans-Herman *Heinrich Vogeler. Das graphische Werk.* Bearb. und hrsg. von Hans-Herman Rief. Lilienthal 1983

Rilke, Rainer Maria *Sämtliche Werke.* 5 Bde. Frankfurt a. M. 1955 ff.

Schmutzler, Robert *Art Nouveau – Jugendstil.* Stuttgart 1962

Schütze, Karl Robert *Heinrich Vogeler – Architektur in Niedersachsen.* Berlin 1975

Schneede, Uwe M. *George Grosz. Der Künstler in seiner Gesellschaft.* Köln 1975 (DuMont Taschenbücher, Band 32)

Vogeler, Heinrich *Erinnerungen.* Hrsg. von Erich Weinert. Berlin 1952

Vogeler, Heinrich *Werke seiner letzten Jahre.* Hrsg. von der Deutschen Akademie der Künste. Berlin 1955

Vogeler, Heinrich *»Das Neue Leben«.* Schriften zur Revolution und Kunst. Hrsg. von Dieter Pforte. Neuwied 1972 (Sammlung Luchterhand Nr. 103)

Heinrich Vogeler 1872–1942. Gedenkausstellung 1972. Ausstellungskatalog Worpsweder Kunsthalle/Haus im Schluh. Worpswede 1972

Heinrich Vogeler. Vom Romantiker zum Revolutionär. Ölbilder, Zeichnungen, Grafik, Dokumente von 1895–1924. Ausstellungskatalog Bonner Kunstverein 1982
Wefels, Herbert *Heinrich Vogeler und der Jugendstil.* Diss. Göttingen 1959
Wilde Oscar *Erzählungen und Märchen.* Frankfurt a. M. 1911 (vgl. auch Beardsley, Aubrey)

Verzeichnis der Abbildungen

Farbtafeln

(Fotos: Studio M, Bremen)

Schwarzweiß-Abbildungen

(Fotos: Peter Elze, Worphausen)

I Aubrey Beardsley, Illustration zu: Oscar Wilde, *Salome*
(Insel-Bücherei Nr. 247, Abb. S. 43)

II Ernst Barlach, Bauer (Oreste) in halber Rückansicht.
Aus den italienischen Taschenbüchern von 1909.
Feder über Blei, 15 x 10 cm
(Insel-Bücherei Nr. 600, Abb. S. 17)

III Marc Chagall, Die Braut (Bella).
Aus: Bella Chagall, *Brennende Lichter*. Reinbek 1966

IV Walter Tiemann, Titel zu: *In Memoriam Oscar Wilde*. Hrsg. von Franz Blei.
Leipzig 1904 (Insel-Verlag)

V Franz Marc, Versöhnung. Originalholzschnitt für ein Gedicht von
Else Lasker-Schüler. Aus: *Der Sturm*. Hrsg. von Herwarth Walden

Teil I: Figur und Bewegung

1 Schülerkarikatur (Originalgröße).
Aus dem Skizzenbuch von 1892, 15,2 x 10,5 cm

2 Sonntag am Weyerberg, Worpswede (verkleinert).
Postkarte

3 Bayerischer Bergsteiger erklimmt den Weyerberg.
26 x 14,3 cm

4 Zwei Karikaturen von Worpsweder Malern (rechts: Modersohn,
links: Overbeck)
15,5 x 12 cm

5 Der Pianist Grünberg (»Monteverde«) (Originalgröße)

6 Der junge Herr. Porträt Kulenkampff-Post (vergrößert).
14 x 9,3 cm

7 Heiterer Wüstenritt (Entwurf einer ganzseitigen Illustration für einen
Gedichtband von Irene Forbes-Mosse?). Um 1902 (?)
10,3 x 14 cm

8 Im Reisekostüm. Selbstkarikatur (Originalgröße)

9 David und der Riese Goliath. Vor 1902
Aus: Deutsche Kunst und Dekoration

10 Der heilige Franziskus predigt den Fischen. Vor 1902
Aus: Deutsche Kunst und Dekoration

11–17 Studien. Aus dem Skizzenbuch von 1892, 15,2 x 10,5 cm
11 Originalgröße – *12* Originalgröße – *13* Originalgröße – *14* Originalgröße –
15 12 cm hoch – *16* 15 cm hoch – *17* 12,5 cm hoch

18 Studie (Originalgröße). Wohl um 1921/22 entstanden

19 Am Hamme-Ufer.
17 x 34 cm

20 Heimkehrende Feldarbeiter.
Aus: Deutsche Kunst und Dekoration

21 Der Barkenhoff.
Aus: Deutsche Kunst und Dekoration

22 Blick auf den Weyerberg mit Findorffhain und Kirchturm. Vignette
(Originalgröße)

23 Sommerabend – Martha Vogeler. Studie zum Gartenbild. 1904
(Originalgröße)

24 Die Vogeler-Familie
(Originalgröße)

25 Eine Lesung (Originalgröße)
Aus: Hans Herman Riefs Stammbuch

26 Der Künstler am Kamin. Selbstkarikatur
(Originalgröße)

27–33 Martha Vogeler
26 Originalgröße – *27* Originalgröße – *28* 20 cm hoch – *29* 32 x 16 cm – *30* 28 x 22,5 cm – *31* 21 x 29,5 cm – *32* 20,9 x 12,5 cm. Aus: Deutsche Kunst und Dekoration – *33* Aus: Deutsche Kunst und Dekoration

34 Die »Blumenbrücke«
26 x 16,5 cm

35 Familie Vogeler beim Skilauf im Riesengebirge.
14 x 13,2 cm

36–39 Studien aus dem Skizzenbuch der Ceylon-Reise. 1906
13,5 x 10 cm
36 Originalgröße – *37* Originalgröße – *38* 10 cm hoch – *39* Originalgröße

40 Im englischen Herrenklub (»Ceylon Tea farmers«). Ceylon 1906
27,5 x 22,5 cm

41 Im Reisekostüm. Selbstkarikatur (Originalgröße) (Ceylon 1906?)

42–47 Studien aus süddeutschen Skizzenbüchern (Straßburger und Würzburger Plastiken). 17,8 x 10 cm
42 Kopf der Tugend (?), Originalgröße – *43* Originalgröße – *44* Originalgröße – *45* Originalgröße – *46* Originalgröße – *47* Originalgröße

48 Tänzerin (Originalgröße)

49 Tänzerin (Originalgröße)

50 und 51 »Rhythmus in begrenztem Raum«.
50 23 x 15 cm – *51* 30 × 20 cm

52 und 53 Findung Mosis. Entwurf und Ausführung. Um 1912
52 13,3 x 16,1 cm – *53* 21 x 19 cm. Aus: Symbolismo & Art Nouveau. Katalog der Galleria del Levante

54 und 55 Tänzerin und Paradiesvogel (»Ferdinand Hodler gewidmet«). Entwurf und Ausführung. 1910

56 Zwei Tänzerinnen. Vermutlich November 1913
14,5 x 13,5 cm

57 Gruppe von fünf Tänzerinnen. 1918
28 x 30,5 cm

58 Frau, am Boden kniend (Tanzpose?). 1918
16,5 x 30 cm

59 Bildnis einer Tänzerin. 1918
20,5 x 15 cm

60 Traubenpflückerinnen. Aus dem Rußland-Buch 1923

61 Aus einem russischen Dorf. 1927
25 x 21 cm

62 Russische Bäuerin. Figur aus einem Skizzenblatt (Originalgröße)

63 Flößer in Karelien (Skizzen zu einem Waldbild?)

Teil II: Dekoration und Illustration

64 Blumenranke (Originalgröße)

65 *oben:* Illustration zu »DIR« (Originalgröße). 1899
unten: Illustration (Originalgröße). Aus: Müller-Brauel, *Hannoversches Dichterbuch*

66 Kleine Prinzessin (Originalgröße)

67 Die Schlangenbraut (Originalgröße).
Vorzeichnung zur Radierung von 1894

68 Schulkinder (Originalgröße)

69 Blütensträußchen. Illustration zu »DIR« (Originalgröße)

70 Illustration (Originalgröße) zu: Hugo Salus, *Ehefrühling*. 1899

71 Exlibris »Barkenhoff« (vergrößert)
11 x 9 cm

72 Illustration (Schlußvignette) zu: Jens Peter Jacobson, *Frau Marie Grubbe* (Originalgröße)

73 Titelvignette (Originalgröße) zu: Fritz Rassow, *Marlene*. 1904

74 Innentitel zu: Rainer Maria Rilke, *Mir zur Feier*. 1899

75 Seite aus »DIR« (Originalgröße). 1899

76 Titel des Insel-Almanachs auf das Jahr 1906.
Deutsches Literaturarchiv, Marbach

77 Titelblatt zu: Hugo von Hofmannsthal, *Der Kaiser und die Hexe*. 1900 (geschrieben 1897)

78 Linke Seite des Doppeltitels zu: Clemens Brentano, *Frühlingskranz*. 1907

79 Illustration (Originalgröße) zu: Oscar Wilde, *Die Nachtigall und die Rose*. Aus: *Die Erzählungen und Märchen*. 1910

80/81 Doppelseite zu: Oscar Wilde, *Das Gespenst von Canterville* (Beginn der Novelle). Aus: *Die Erzählungen und Märchen*. 1910

82 Sechs Buchstaben aus dem 2. Alphabet. Vor 1905

83 Entwurf für eine Initiale S (Originalgröße)

84 Teilnehmerkarte für einen internationalen Kongreß. 1904

85 Entwurf für eine Haustür. 1897
Aus: Deutsche Kunst und Dekoration

86 Entwurf für eine Schloß-Platte samt Türgriff (für die Bremer Güldenkammer). Um 1903/04
27 x 21 cm

87 Entwurf für ein Schmuckstück? Schlußvignette aus: Deutsche Kunst und Dekoration

88–93 Sechs Monatsbilder (vergrößert) aus dem Worpsweder Taschenkalender 1904
je 8,8 x 6 cm, Format des Kalenders: 13,7 x 9 cm

94 Illustration zu »DIR« (Originalgröße)

95 Entwurf für ein Titelblatt
24,4 x 17 cm

96–102 Die großen Federzeichnungen (Entwürfe für Wandteppiche?). 1902 und früher
96 Königspaar im Burggarten. 21,9 x 15,8 cm – *97* Der Drachentöter. 16,8 x 14,5 cm. Aus: Deutsche Kunst und Dekoration – *98* Der Greifenhorst. 15,5 x 14,5 cm. Aus: Deutsche Kunst und Dekoration – *99* Hänsel, Gretel und die Hexe. 15,8 x 14,5 cm. Aus: Deutsche Kunst und Dekoration – *100* »Träume«. 16,8 x 12,5 cm. Aus: Deutsche Kunst und Dekoration – *101* Prinzessin mit

Pfau – *102* Die Wunderblume. 21,5 x 9,8 cm. Aus: Deutsche Kunst und Dekoration

103 Die Hexe. Nach 1903
19,9 x 16 cm

104 und 105 Entwürfe für Rilkes *Marienleben.* 1912
104 Ruhe auf der Flucht. 22,5 x 16,9 cm – *105* Engel über den Hirten. 22,8 x 17 cm

106–109 Vignetten-Entwürfe (Originalgröße) für einen Sonetten-Band von Hertha Koenig *Neue Gedichte.* 1912/13
106 Palästina – *107* Westfalen – *108* Leben – *109* Abschiedssonette

110 Hoffnungen. Vorzeichnung für das Gemälde »Träume«. 1911
15 x 12,5 cm

111 Aus den Karpaten. Zeichnung aus dem Ersten Weltkrieg. 1915
11,5 x 8,9 cm

112 Blick über das Sauerland (bei Villingen). 1919
24,5 x 18,8 cm

Teil III: Im Dienst der Kommunistischen Idee

113 Nadelwald in Karelien

114 Küste des Schwarzen Meeres (Krim)
23,5 x 17,7 cm

115 Moskwa-Ufer
17,3 x 22,5 cm

116 Rumänisches Kloster
14 cm breit

117 Vier Initialen. 1920. Aus: Peter Kropotkin, *Die Eroberung des Brotes.* 1921

118 Bildnis Peter Kropotkin. Frontispiz (Originalgröße) aus: *Die Eroberung des Brotes.* 1921

119 und 120 Zwei Propaganda-Blätter aus der russischen Revolution
119 »Befreit die Gefangenen«. Entwurf für ein Titelblatt der Zeitschrift *MOPR.* Um 1923. 22,5 x 17,3 cm – *120* Tscherkessenreiter. Um 1923/24. 22,4 x 17,5 cm

121 und 122 Illustrationen zu: »Das Dritte Reich«. Politische Broschüre mit Versen von Johannes R. Becher. 1934

123 Symbolische Zeichnung: Schutz der Kinder. Entwurf zu einer Radierung »Vision«. Um 1916/1920
17,3 x 12 cm

Heinrich Vogeler 1899

Lebensdaten

1872 am 12. Dezember in Bremen geboren

1890 Kunstakademie Düsseldorf. Studium bei Janssen, von Gebhardt und Kampff

1892 Sluis (bei Brügge). Italien (Rapallo)

1894 Studienreise nach Paris: Louvre, Bibliothèque Nationale (Eindruck der Livres d'heures)
Tod des Vaters. Erster Aufenthalt in Worpswede

1895 und 1896 Beteiligung an Ausstellungen der Worpsweder Malergruppe im Münchener Glaspalast

1895 Abschluß des Studiums in Düsseldorf. Ankauf und Umgestaltung des Barkenhoff in Worpswede. Eigene Kupferdruckpresse. Bis 1899 entstehen die meisten Radierungen. Illustrationen zu Hauptmanns »Versunkener Glocke«

1897 Längerer Aufenthalt in Dresden. Eindruck der Bilder Munchs

1898 Reise nach Florenz. Botticelli. Begegnung mit R. M. Rilke. Weihnachten 1898: Rilke in Bremen und Worpswede. Hausspruch für den Barkenhoff

1899 Aufforderung R. A. Schröders, an der Zeitschrift *Die Insel* mitzuarbeiten. Gedichtband »DIR«. Zeitweise Übersiedlung nach München

1900 In München – neben der Arbeit für den *Insel*-Jahrgang – zahlreiche kunstgewerbliche Arbeiten für den Insel-Verleger Alfred Walter Heymel. Einrichtung der Heymelschen Wohnung in Schwabing. Buchillustrationen und Buchschmuck für verschiedene deutsche Verlage. – Im Herbst: Rilke wohnt auf dem Barkenhoff. Feste im ›Weißen Saal‹ (Paula Becker, Clara Westhoff)

Heinrich Vogeler 1920

1901 Im März Heirat mit Martha Schröder. Reise nach Amsterdam, Brügge und Paris. Rilke heiratet Clara Westhoff, Modersohn Paula Becker

1902/03 Reise mit Martha nach Italien: Rom, Neapel, Florenz und Venedig

1904 Beginn der Arbeiten für die Güldenkammer im Bremer Rathaus (beendet 1905)

1905 *Das Konzert,* später umbenannt in *Sommerabend.* Eigener Saal auf der Kunstausstellung in Oldenburg. Höhepunkt der Publikumswirkung überschritten

1906 Seereise nach Ceylon (wegen Augenüberanstrengung)

1907 Reise nach Lodz. Tod Paula Modersohn-Beckers. Studium Gorkis

1908 Kunstgewerbliche Arbeiten. Mit Bruder Franz gemeinsam Gründung der Werkstätten für Möbelbau (Tarmstedt). Bauten und architektonische Entwürfe. Bau des Hauses am Stryck für Dr. Löhnberg (Hamm/Westf.). Ausstattung eines Salonwagens der Eisenbahn

1910 Ehekrise. Malt das Triptychon *Melusinenmärchen.* Ausstellung in der Bremer Kunsthalle

1911 Ostern in Paris. Im Hochsommer in der Schweiz (Meiringen). Die Ehekrise verschärft sich, doch bleibt Barkenhoff ›Residenz‹

1912 Größere Auftragsreise nach Salzburg, Wien, München, Würzburg. Im Spätherbst Berlin (bis Anfang 1913)

1913 Wiederum mehrere Monate Berlin. Eheprobleme ungelöst, daher

1914 Pläne, auf die Orkney- oder Shetland-Inseln auszuwandern. Kriegsausbruch. Kriegsfreiwilliger bei den Oldenburger Dragonern. November: Tod Heymels. Ende 1914 letzte Begegnung mit Rilke in Partenkirchen (?)

1915 Ausbildung bei einem Schneeschuhbataillon. An die Ostfront. Zeichnet einen Zyklus »Aus dem Osten« (Blätter aus dem Kriege)

1916–1917 Militärische Aufträge und Reisen in Polen, Rumänien, Dobrudscha, Rußland. Friede von Brest-Litowsk

1918 20. Januar Friedensappell an den Kaiser (»Märchen vom Lieben Gott«). Interniert in der Irrenanstalt in Bremen. Aus dem Heer entlassen. Im November zum Mitglied des ersten Bremer Arbeiter- und Soldatenrates gewählt. Politische Zusammenkünfte auf dem Barkenhoff

1919 Januar/Februar: Räterepublik in Bremen. Zeitweilige Verhaftung. Aktive Propaganda für die kommunistische Idee. Vorträge. Einrichtung der Kommune Barkenhoff

1920 Trennung von Martha und den Töchtern, die in Worpswede ein altes Bauernhaus beziehen. – Beginn der Freskenmalerei auf dem Barkenhoff (beendet 1926). Freundschaft mit Ludwig Roselius und Unterstützung durch ihn

Heinrich Vogeler 1932

1923 Nach dem Scheitern der Kommune geht der Barkenhoff als Kinderheim in die Hände der ›Roten Hilfe‹ über (bis 1932). – Im Spätsommer mit Sonja Marchlewska zusammen nach Moskau. Dort im Oktober Geburt des Sohnes Jan Jürgen (lebt heute in Moskau)

1924 Längere Reise durch Karelien. Rückkehr nach Deutschland. Berlin

1925 »Reise durch Rußland« erscheint. Propagandavorträge für Rußland (mit den »Agitationsbildern«)
Scheidung von Martha. Im Herbst Heirat mit Sonja Marchlewska

1926–1927 Vierte Rußlandreise im Auftrag der ›Roten Hilfe‹. Turkestan, Samarkand, Baku. Vorzeitige Rückkehr nach Berlin, wegen der Angriffe gegen die Barkenhoff-Fresken. Begegnung mit Rivera

1928 In Berlin-Britz. Sommer in St. Peter-Ording. Allmähliche Entfremdung von Sonja; später in Rußland Auflösung der Ehe

1929 Äußerste Dürftigkeit der Berliner Existenz; Zeichner in einem Architektenbüro. Ausschluß aus der KPD

1930/31 Im Tessin. Zeitweise Beteiligung an der Kommune/Künstlersiedlung Fontana Martina

1931 Letzter Aufenthalt in Worpswede. Im Sommer nach Moskau zur Mitarbeit im Standardisierungskomitee für das ländliche Bauwesen. Reisen in den Süden der Sowjetunion

1932 Ausstellung im Moskauer Museum für westeuropäische Kunst. Reise nachTaschkent

Seit 1934 Malaufträge für das ethnographische Museum von Petrosawodsk. Reisen in den Sowjetnorden (Karelien)

1939/40 Malaufträge im Sowjetsüden für das ›Museum der Völker der UdSSR‹ in Moskau

1941 Scheidung von Sonja Marchlewska. Ausstellung der Bilder aus der Sowjetunion in Moskau. Politisch engagiert im Widerstand gegen den Nationalsozialismus. Im Herbst evakuiert nach Kasachstan, Gebiet Karaganda

1942 Materielle Not. Seine Rente erreicht ihn nicht mehr. Vogeler erkrankt und stirbt am 14. Juni in Choroschewskoje im Kolchos Budjonny, Kasachstan. Sein Grab ist unbekannt

HEINRICH VOGELER
UND DER JUGENDSTIL

Diese umfassende Monographie präsentiert Vogelers Schaffen bis 1914 und erschien anläßlich des 125. Geburtstages des Künstlers. Einen ersten Schwerpunkt bildet die Malerei Vogelers. Darüberhinaus wird seine vielfältige Tätigkeit auf den Gebieten der angewandten Kunst dargestellt, wobei der Buchillustration und Buchgestaltung besonderes Augenmerk gilt; hinzu kommen die Entwürfe für Möbel, Tapeten, Keramik und Schmuck. Auch Vogelers Tätigkeit als Architekt wird gewürdigt: Mit seinem Worpsweder Wohnsitz, dem Barkenhoff, leistete er einen qualitätvollen Beitrag zu dem um 1900 aktuellen Thema des Künstlerwohnhauses.
Hrsg. von der Barkenhoff-Stiftung Worpswede, Cornelia Baumann und Vera Losse. 204 Seiten mit 120 farbigen, 16 Duotone- und 60 einfarbigen Abbildungen, Leinen mit Schutzumschlag
DM 98,– / öS 715,– / sFr. 91,– (ISBN 3-7701-4040-0)

Umschlagvorderseite: Heinrich Vogeler, Güldenkammer, Entwurf für eine Zwickelintarsie, um 1904, Feder, Tusche auf Papier, 23,4 × 18,5 cm, Kunsthalle Bremen

Die Deutsche Bibliothek – CIP-Einheitsaufnahme

Petzet, Heinrich Wiegand:
Heinrich Vogeler : Zeichnungen / Heinrich Wiegand Petzet. - aktualisierte Neuausg. - Köln : DuMont, 1998
ISBN 3-7701-4440-6

Zuerst erschienen als DuMont Taschenbuch Nr. 41

Umschlaggestaltung: Groothuis + Malsy, Bremen
Druck: Rasch, Bramsche
Buchbinderische Verarbeitung: Bramscher Buchbinder Betriebe

Printed in Germany ISBN 3-7701-4440-6